DANIELE

PICCOLA BIBLIOTECA ADELPHI

55

FRIEDRICH NIETZSCHE

L'ANTICRISTO

MALEDIZIONE DEL CRISTIANESIMO

NOTA INTRODUTTIVA DI GIORGIO COLLI
VERSIONE DI FERRUCCIO MASINI

ADELPHI EDIZIONI

TITOLO ORIGINALE:

Der Antichrist

Fluch auf das Christentum

DALLE «OPERE DI FRIEDRICH NIETZSCHE», VOL. VI, TOMO III
EDIZIONE ITALIANA DIRETTA DA GIORGIO COLLI E MAZZINO MONTINARI

Venticinquesima edizione: giugno 2010

WWW.ADELPHI.IT

ISBN 978-88-459-0333-5

INDICE

NOTA INTRODUTTIVA

Se gli istinti contano più delle convinzioni, e se gli uomini non sono uguali – come Nietzsche insegna qui e altrove – allora la differenza fra cristiano e pagano dovrebbe consistere soltanto in un grado minore o maggiore di vitalità, di volontà di potenza. E invece dalla violenza, dalla tensione di questa opera sembra essere presupposto un qualcosa di più forte, che stabilisca l'antitesi: non si tratta di quantità, bensì di qualità. È vero che la tendenza di Nietzsche a ridurre in termini storici contenuti che evadono da tali limiti in parte già spiega la grandiosa semplificazione dichiarata nell'antitesi tra cristiano e anticristiano: eppure rimane qualcosa di misterioso nell'impianto di questo libro, una motivazione oscura che ne potenzia il fascino. Nell'interpretare L'anticristo *invece non si è andati tanto per il sottile, mentre andare per il sottile proprio qui, dietro questa presentazione troppo netta, era il compito primario. I più si sono lasciati sconvolgere – di sdegno o di entusiasmo – all'annuncio di una «maledizione del cristianesimo»: i più hanno pensato di sapere già che cosa sia il «cristianesimo» – evidentemente determinati da diverse esperienze – e si sono interessati soltanto del giudizio distruttivo di Nietzsche contro questo oggetto a loro noto.*

In realtà, quando Nietzsche scriveva L'anticristo, *poteva destare perplessità la violenza del suo attacco. Tale violenza presupponeva un nemico in pieno vigore, mentre già a quei tempi la dottrina cristiana era più risibile che temibile. Che a Naumburg e in mille altri luoghi, dentro la Germania e fuori, vigesse ancora una prassi religiosa e morale che si diceva cristiana, poteva apparire come un segno di inerzia sclerotizzata, un'anticaglia, una sterile sopravvivenza, piuttosto che come una tremenda calamità. Eppure venne il libro di Nietzsche contro il cristianesimo, e fu sconvolgente. Certo qui non leggiamo che è difficile pensare un Dio unico, il quale sia diviso in tre persone: ciò che sconvolge, in questo libro, è un teatrale scambio delle parti, per cui proprio coloro che avevano condotto in precedenza attacchi di ogni genere contro il cristianesimo si vedono con grande sorpresa coinvolti nella sua condanna. E proprio perché costoro credevano di aver distrutto il cristianesmo, il sentirsi chiamare cristiani da Nietzsche li fece indignare e vacillare, come accade a colui che, mentre applaude, si sente beffeggiato da chi lui applaude, e mentre vede demolite idee a lui odiose, le sente parificare alle sue proprie. Da allora le cose non sono cambiate: si legge* L'anticristo *con un sentimento di esultanza – nel veder colpito a morte un nemico tradizionale – che si rovescia in un impeto di ira e di dispetto, quando si trovano additate come cristiane da Nietzsche proprio le tendenze che stanno alla base di quell'avversione per il cristianesimo. Questa è la situazione psicologica – variamente dissimulata nell'intimo – in coloro che leggono anche oggi* L'anticristo, *e si sentono confusamente attratti e respinti, senza riuscire a sbrogliare questo intreccio di sentimenti.*

Perché, poco dopo di aver scritto L'anticristo, *Nietzsche ritenne di avere ormai compiuto la tanto vagheggiata « trasvalutazione di tutti i valori»? Forse perché in questo breve momento – prima che la for-*

*sennata volontà di realizzare l'inattuale trapassasse nel delirio della follia – gli parve davvero di aver trovato l'espressione decisiva, il cui impatto su coscienze sonnolente potesse appiccare il grande incendio, tradurre in realtà concreta il pensiero del più solitario. Non si sbagliava del tutto, perché il sommovimento provocato da questo libro si propaga ancor oggi. E l'astuzia forse inconsapevole di Nietzsche, per attualizzare l'inattuale, consistette in questò: concentrare ogni maledizione sul nome del cristianesimo, attirando in tal modo contro questo organismo decrepito l'odio di tutti coloro che attendevano soltanto di essere incoraggiati. Ma quelli che avevano o hanno da lamentarsi del cristianesimo sono moltissimi, mentre la prefazione dell'*Anticristo *dice: « questo libro si conviene ai pochissimi ». L'astuzia consiste dunque nell'eccitare i moltissimi con un libro destinato ai pochissimi, o in altre parole, nel proporre come obiettivo da distruggere il cristianesimo, bersaglio strettamente collegato da Nietzsche a molti altri, verso cui i sedotti dal verbo anticristiano non si sentono per nulla in contrasto. Cristianesimo viene così a implicare morale, metafisica, giustizia, uguaglianza degli uomini, democrazia, in breve assomma in sé i valori del mondo moderno. La distruzione del cristianesmo, per tale ragione, è davvero secondo Nietzsche una trasvalutazione ' di tutti ' i valori.*

Questo machiavellismo di Nietzsche, del resto, è soltanto apparente, riguarda semplicemente un artificio psicologico per accendere grandi passioni collettive. In realtà, come gli è riuscita la vastissima semplificazione storica, con cui ' cristiano ' si è caricato di tutti quei significati che si sono detti, e con cui di conseguenza egli ha messo a nudo la cattiva coscienza di tutti gli avversari del cristianesimo? Gli è bastato uno spostamento di prospettiva, a rendere così stupefacente la sua diagnosi del cristianesimo: l'uomo antico viene contrapposto all'uomo moderno, la cui condanna riesce più accettabile, se lo si chiama uomo cristiano. E difatti il criterio dell'antitesi – il più vigorosamente efficace tra i criteri – viene stabilito in base alla naturalità, alla salute, alla pulizia degli istinti, cioè in base alla costituzione dell'uomo antico. Ma rimane un problema: se il cristiano è l'uomo che rinnega, opprime, calunnia la natura in ogni suo istinto e pensiero, se il cristianesimo è la contronatura, che cosa dev'essere indicato all'origine di questa corruzione, qual è la radice di questa mostruosa inversione dell'impulso vitale? Come può la natura rinnegare se stessa? Proprio L'anticristo *dà una risposta teoretica al quesito. Il cardine supremo su cui poggia il cristianesimo è la menzogna. « Ogni parola sulla bocca di un " primo cristiano " è una menzogna; ogni azione da lui compiuta è un'istintiva falsità ». E Nietzsche precisa: « Chiamo menzogna il non voler vedere qualcosa che si vede, il non voler vedere qualcosa* così *come lo si vede ... La menzogna più consueta è quella con cui si mente a se stessi: mentire ad altri è, relativamente, l'eccezione ». Questa radice del cristianesimo ha uno sfondo ebraico, testimoniato dall'inizio della Bibbia. « " Tu non devi conoscere " – da ciò deriva tutto il resto ». Alla base sta un odio primordiale contro la conoscenza. L'uomo non deve pensare, e poiché il pensiero ha bisogno di ozio e di felicità, il prete cristiano si preoccupa in primo luogo di rendere l'uomo infelice, di torturarlo e di farlo soffrire. E già Paolo parlava contro « la sapienza del mondo ».*

*Con ciò l'indicazione suprema dell'*Anticristo *è conoscitiva, la sua risoluzione è teoretica, in un contesto dove l'interesse pratico appare soverchiante, attraverso discorsi sulla storia, sull'azione, sul soffrire e il far soffrire, sulla natura e la contronatura. Eppure è ancora il linguaggio storico – e usato stavolta senza astuzie espressive – quello che ci troviamo di fronte nella sezione più appartata dell'*Anticristo, *là dove si tratta della psicologia del redentore, e si presenta la figura di Gesù Cristo in stridente opposizione con il 'cristianesimo'. Qui il discorso è storico in senso concreto, e l'intuizione di Nietzsche è individuale, sembra togliere il velo da ciò che la tradizione cristiana ha obnubilato e stravolto. Di fronte a questo Cristo, Nietzsche non disprezza, ma si oppone con una trepidazione piena di risonanza (« Dioniso crocifisso »!). Il Cristo da lui rivelato non è un fanatico né un negatore, odia la parola ed è estraneo alla cultura e alla dialettica, è fanciullesco, è un folle che non conosce colpa né castigo, non va in collera né oppone resistenza. Questo Cristo insomma è un mistico – anche se Nietzsche non usa questa parola – la cui verità è soltanto interiorità. Tutto il resto non è che segno, e anche le sue parole sono simboli, per esempio « padre » e « figlio »: « ... con la parola "figlio" è espresso l'*immergersi *nel sentimento di una trasfigurazione totale di ogni cosa (la beatitudine), con la parola "padre"* questo sentimento stesso, *il senso dell'eternità e della perfezione ». Non risulta che Nietzsche abbia letto Böhme, ma di fronte a questa sorprendente affinità di linguaggio, a questa poesia dell'interiorità, vacillano le certezze e le presunzioni di aver còlto il fondo della sua anima.*

GIORGIO COLLI

L'ANTICRISTO

MALEDIZIONE DEL CRISTIANESIMO

PREFAZIONE [1]

Questo libro si conviene ai pochissimi. Forse di questi non ne vive ancora neppure uno. Potrebbero essere quelli che comprendono il mio *Zarathustra*: come *potrei* confondermi con coloro per i quali già oggi vanno crescendo orecchi? – A me si confà unicamente il giorno seguente al domani. C'è chi è nato postumo.

Le condizioni alle quali mi si comprende – e mi si comprende, allora, *per necessità* – le conosco fin troppo bene. Nelle cose dello spirito si deve essere onesti fino alla durezza, per poter anche soltanto sopportare la mia serietà, la mia passione. Si deve essere addestrati a vivere sui monti – a vedere *sotto* di sé il miserabile ciarlare di politica ed egoismo-dei-popoli, proprio del nostro tempo. Si deve essere diventati indifferenti, non si deve mai domandare se la verità sia utile, se essa diventi per qualcuno una fatalità ... Una predilezione della forza per quei problemi per cui oggi nessuno ha il coraggio; il coraggio del *proibito*; la predestinazione al labirinto. Un'esperienza di sette solitudini. Nuove orecchie per nuova musica. Nuovi occhi per il più lontano. E una nuova coscienza per verità restate fino a oggi mute. *E* la volontà dell'economia in grande stile; mantenere compatta la propria forza, la propria *esaltazione* ... Rispetto di sé; amore di sé; libertà assoluta verso di sé ...

Suvvia! Questi soltanto sono i miei lettori, i miei giusti lettori, i miei predestinati lettori: che mi importa del *resto*? – Il resto è semplicemente l'umanità. – Si deve essere superiori all'umanità per forza, per *altezza* d'animo – per disprezzo ...

FRIEDRICH NIETZSCHE

1[2]

– Guardiamoci in viso. Noi siamo Iperborei – sappiamo abbastanza bene di vivere in disparte. «Né per terra, né per acqua troverai la via che conduce agli Iperborei»: questo già Pindaro[3] sapeva di noi. Al di là del Nord, dei ghiacci, della morte – la *nostra* vita, la *nostra* felicità . . . Noi abbiamo scoperto la felicità, noi conosciamo la via, noi trovammo l'uscita da interi millenni di labirinto. Chi *altri* la trovò? – Forse l'uomo moderno? – «Io non so né uscire né entrare; io sono tutto ciò che non sa uscire né entrare» – sospira l'uomo moderno . . . Di *questa* modernità noi eravamo malati – di una putrida pace, di un vile compromesso, di tutta la virtuosa sozzura del moderno sì e no. Questa tolleranza e *largeur* del cuore, che tutto «perdona», perché tutto «comprende», è per noi scirocco. Meglio vivere nei ghiacci, piuttosto che tra le moderne virtù e altri venti del Sud! . . . Noi fummo coraggiosi abbastanza, non indulgemmo né a noi stessi né ad altri: ma per lungo tempo ignorammo *dove* mai ci andasse portando il nostro coraggio. Divenimmo cupi, ci chiamarono fatalisti. Il *nostro fatum – era* la pienezza, la tensione, l'accumulo di forze. Eravamo assetati di lampi e d'azioni, restammo lontanissimi dalla felicità dei deboli, dalla «rassegnazione» . . . Una tempesta era nella nostra aria, la natura, che noi siamo, si andava ottenebrando – *giacché non avevamo alcuna via.* Formula della nostra felicità: un sì, un no, una linea retta, una *meta* . . .[4]

2

Che cos'è buono? – Tutto ciò che eleva il senso della potenza, la volontà di potenza, la potenza stessa nell'uomo.

Che cos'è cattivo? – Tutto ciò che ha origine dalla debolezza.
Che cos'è felicità? – Sentire che la potenza *sta crescendo*, che una resistenza viene superata.
Non appagamento, ma maggior potenza; *non* pace sovra ogni altra cosa, ma guerra; *non* virtù, ma gagliardia (*virtù* nello stile del Rinascimento, virtù libera dall'ipocrisia morale).
I deboli e i malriusciti devono perire: questo è il principio del *nostro* amore per gli uomini. E a tale scopo si deve anche essere loro d'aiuto.
Che cos'è più dannoso di qualsiasi vizio? – Agire pietosamente verso tutti i malriusciti e i deboli – il cristianesimo . . .

3

Il problema che io pongo qui non riguarda il posto che l'umanità deve prendere nella serie successiva degli esseri (– l'uomo è una *fine* –): bensì quale tipo umano deve essere *allevato*, deve essere *voluto*, in quanto tipo di superiore valore, più degno di vivere, più certo dell'avvenire.
Questo tipo di superiore valore è già esistito abbastanza spesso: come caso fortunato, però, come eccezione; mai come *qualcosa di voluto*. È stato proprio *questo* invece ad essere particolarmente temuto, esso è stato fino a oggi quasi *la* cosa terribile, – e prendendo le mosse dal timore è stato voluto, allevato, *raggiunto* il tipo opposto: l'animale domestico, l'animale d'armento, l'uomo come animale malato – il cristiano . . .

4

L'umanità *non* presenta una evoluzione verso qualcosa di migliore o di più forte o di più elevato nel modo in cui oggi questo viene creduto. Il «progresso» è semplicemente un'idea moderna, cioè un'idea falsa. L'europeo di oggi resta, nel suo valore, profondamente al di sotto dell'europeo del Rinascimento; la prosecuzione di uno sviluppo *non* è assolutamente, per una qualsivoglia necessità, elevazione, potenziamento, consolidamento.

In un altro senso esiste nei più diversi luoghi della terra e sulla base delle più diverse civiltà una continua riuscita di singoli casi, con i quali viene realmente rappresentato un *tipo superiore*: qualcosa che in rapporto con l'umanità nel suo insieme è una sorta di superuomo. Tali casi fortunati di una grande riuscita sono sempre stati possibili e saranno forse sempre possibili. E persino intere generazioni, stirpi, popoli possono, a volte, rappresentare un tale *caso ben azzeccato*.

5

Non si deve abbellire e agghindare il cristianesimo: esso ha condotto una *guerra mortale* contro questo *superiore* tipo umano, ha messo al bando tutti i fondamentali istinti di questo tipo, ha distillato da questi istinti il male, *l'uomo* malvagio – l'uomo forte è stato considerato come il tipicamente riprovevole, come l'«uomo reprobo». Il cristianesimo ha preso le parti di tutto quanto è debole, abietto, malriuscito; della *contraddizione* contro gli istinti di conservazione della vita forte ha fatto un ideale; ha guastato persino la ragione delle nature intellettualmente più forti, insegnando a sentire i supremi valori della intellettualità come peccaminosi, come fonti di traviamento, come *tentazioni*. L'esempio più deprecabile è la rovina di Pascal, che credeva al corrompimento della sua ragione a causa del peccato originale, mentre era stato soltanto il suo cristianesimo a corromperla! –

6

È uno spettacolo doloroso, uno spettacolo orribile quello che mi si apre dinanzi: ho tolto via il velo dal *pervertimento* dell'uomo. Questa parola, in bocca mia, è per lo meno preservata da un sospetto: quello di contenere una accusa morale contro l'uomo. Nel mio intendimento – vorrei sottolinearlo ancora una volta – essa è *libera dall'ipocrisia morale*: a tal punto che questo pervertimento è avvertito da me con particolare forza proprio laddove si è aspirato fino a oggi, con la massima consapevolezza, alla «virtù», alla «divinità». Io intendo il pervertimento, lo si sarà già indovinato, nel significato di *décadence*: la mia affermazione è che tutti i valori, nei quali oggi l'umanità ha raccolto il suo supremo ideale, sono *valori di décadence*.

Chiamo pervertito un animale, una specie, un individuo, quando esso perde i suoi istinti, quando sceglie, quando *preferisce*, quel che gli è nocivo. Una storia dei «sentimenti superiori», degli «ideali dell'umanità» – ed è possibile che sia io a doverla narrare – sarebbe altresì quasi la spiegazione del motivo *per cui* l'uomo è così pervertito.

La vita stessa è per me istinto di crescita, di durata, teso ad un'accumulazione di forze, alla *potenza*: dove manca la volontà di potenza, c'è decadimento. La mia affermazione è che a tutti i valori supremi dell'umanità questa volontà *manca* – che valori di decadenza, valori *nichilistici* signoreggiano sotto i nomi più sacri.

7

Il cristianesimo è chiamato la religione della *compassione*. – La compassione sta in contrasto con gli affetti tonici che elevano l'energia del sentimento vitale: essa agisce in senso depressivo. Si perde forza quando si ha compassione. Con la compassione aumenta e si moltiplica il dispendio di forza che già in sé la sofferenza arreca alla vita. La sofferenza stessa diventa contagiosa attraverso la compassione: a volte può essere raggiunto, con quest'ultima, un dispendio complessivo di vita e d'energia vitale che sta in una proporzione assurda con il *quantum* della causa (– è il caso della morte del Nazareno). Questo è il primo punto di vista; ma ce n'è ancora uno più importante. Posto che si misuri la compassione dal valore delle reazioni che essa suole provocare, allora il suo carattere di pericolo per la vita appare in una luce assai più chiara. La compassione intralcia in blocco la legge dello sviluppo che è la legge della *selezione*. Essa conserva ciò che è maturo per il tramonto, oppone resistenza a favore dei diseredati e dei condannati dalla vita; grazie alla quantità di malriusciti di ogni specie che essa *mantiene* in vita, dà alla vita stessa un aspetto fosco e problematico. Si è osato chiamare la compassione una virtù (– in ogni morale *aristocratica* essa è considerata una debolezza –); si è andati ancor più lontano, si è fatto di essa *la* virtù, e il terreno e l'origine di tutte le virtù – ma soltanto, si deve sempre tenere presente questo fatto, dal punto di vista di una filosofia che era nichilistica, che portava scritta sulla sua insegna la *negazione della vita*. Schopenhauer era nel suo diritto quando diceva che con la compassione viene negata la vita, viene resa *più degna di negazione* – la compassione è la *praxis* del nichilismo. Sia detto ancora una volta: questo istinto deprimente e contagioso intralcia quegli istinti che tendono alla conservazione della vita e al suo potenziamento di valore: sia come *moltiplicatore* della miseria che come *conservatore* di tutti i miserabili, esso è un essenziale strumento per l'incremento della *décadence* – la compassione persuade al *nulla*! . . . Non si dice il «nulla»: si dice invece: «al di là», oppure «Dio»; oppure «la vita *vera*»; oppure nirvana, redenzione, beatitudine . . . Questa innocente retorica, proveniente dal regno dell'idiosincrasia religiosa e morale, appare subito *molto meno innocente*, se si comprende *quale* tendenza si nasconda qui sotto il mantello delle sublimi parole: una tendenza *ostile alla vita*. Schopenhauer era ostile alla vita: *per questo* la compassione divenne per lui la virtù . . . Aristotele, come è noto, vide nella compassione uno stato morboso e pericoloso, che si farebbe bene ad aggredire qua e là con un rimedio purgativo: concepì la tragedia come purga.[5] Prendendo come punto di partenza l'istinto della vita si dovrebbe in realtà cercare un mezzo per vibrare una stoccata a un siffatto morboso e pericoloso accumulo di pietà, quale è rappresentato dal caso di Schopenhauer (e purtroppo anche da tutta la nostra *décadence* letteraria e artistica, da San Pietroburgo a Parigi, da Tolstoj[6] a Wagner) – e farlo *scoppiare* . . . Nulla è più malsano, in mezzo alla nostra malsana umanità, della compassione cristiana. *Qui* essere medici, *qui* essere implacabili, *qui* dar di coltello, tutto ciò spetta a *noi*, questa è la *nostra* maniera di amare gli uomini, è così che *noi* siamo filosofi, noi *Iperborei*! . . .

8

È necessario dire *chi* sentiamo come nostra antitesi – i teologi e tutti coloro che hanno nelle vene sangue teologico – l'intera nostra filosofia . . . Si deve aver veduto da vicino la fatalità, ancor meglio, si deve averla vissuta in sé, si deve essere quasi andati, per essa, in rovina, per non ammettere più nessuno scherzo a questo riguardo (il libero pensiero dei nostri signori naturalisti e fisiologi è, agli occhi miei, uno *scherzo* – a loro manca la passione di queste cose, la *sofferenza* di esse –). Quell'avvelenamento si estende molto più lontano di quanto non si pensi: ho ritrovato il teologico istinto dell'arroganza ovunque oggi ci si senta «idealisti» – ovunque, in virtù di una superiore prosapia, si rivendichi il diritto di guardare alla realtà con un senso di superiorità e d'estraneità . . . L'idealista, precisamente come il prete, ha in mano tutti i grandi concetti (– e non soltanto in mano !), con bonario disprezzo li mette in giuoco contro l'«intelletto», i «sensi», gli «onori», il «ben vivere», la «scienza»; vede tali cose *sotto* di sé, come forze nocive e traviatrici, sulle quali «lo spirito» si libra nella sua pura per-seità – come se l'umiltà, la castità, la povertà, in una parola la *santità*, non avessero recato fino a oggi alla vita un danno indicibilmente maggiore di qualsiasi mostruosità e vizio . . . Il puro spirito è la pura menzogna . . . Fintantoché il prete sarà ancora ritenuto una specie *superiore* di uomo, questo negatore, calunniatore, avvelenatore per *professione* della vita, non ci sarà risposta alla domanda: che cos'*è* verità? Si *è* già capovolta la verità, quando il cosciente avvocato del nulla e della negazione è considerato il rappresentante della «verità» . . .

9

A questo istinto teologico io faccio guerra: trovai la sua traccia ovunque. Chi ha sangue teologico nelle vene, ha fin da principio una posizione obliqua e disonesta di fronte alle cose. Il *pathos* che si sviluppa da tutto ciò è chiamato *fede*: chiudere gli occhi, una volta per tutte, dinanzi a sé, per non soffrire alla vista di una inguaribile falsità. Si fa in se stessi una morale, una virtù, una santità di quest'ottica difettosa nei riguardi di tutte le cose, si ricollega la *buona* coscienza al vedere *in maniera falsa* – si esige che nessun'*altra* specie di ottica possa più aver valore, dopo che si è resa sacrosanta la propria con i nomi di «Dio», di «redenzione», di «eternità». Disseppellii inoltre ovunque l'istinto teologico: è la forma propriamente *sotterranea* e più estesa di falsità che esista sulla terra. Quel che un teologo avverte come vero, *non può non* essere falso: si ha in ciò quasi un criterio di verità. È il suo più profondo istinto di conservazione a vietargli che la realtà in un qualche punto venga in onore o anche soltanto prenda la parola. Fin dove giunge l'influsso teologico, il *giudizio di valore* è capovolto, i concetti di «vero» e «falso» sono necessariamente rovesciati: quel che è più dannoso alla vita, qui viene chiamato «vero», quel che l'innalza, la potenzia, l'afferma, la giustifica e la fa trionfare, è detto «falso»... Se accade che i teologi, attraverso la «coscienza» dei prìncipi (*o* dei popoli), stendano la mano verso il *potere*, non c'è dubbio su *quel che* in fondo ogni volta si verifica: la volontà di fine, la volontà *nichilistica* tende alla potenza...

10

Tra i Tedeschi mi si comprende subito quando dico che la filosofia è corrotta dal sangue dei teologi. Il pastore protestante è nonno della filosofia tedesca, lo stesso protestantesimo è il suo *peccatum originale*. Definizione del protestantesimo: l'emiplegia del cristianesimo – *nonché* della ragione... Basta pronunziare la parola «seminario di Tübingen»,[7] per capire *che cos'è*, in fondo, la filosofia tedesca – una *scaltrita* teologia... Gli Svevi sono i migliori mentitori in Germania, essi mentono innocentemente... Donde il giubilo che, alla comparsa di Kant, pervase il mondo degli eruditi tedeschi, costituito per tre quarti da figli di pastori e di docenti – donde la convinzione tedesca, la quale ancor oggi trova la sua eco, che con Kant le cose cominciassero a prendere una piega *migliore*? L'istinto teologico, nel dotto tedesco, indovinò *quel che* ormai era nuovamente possibile... Una via traversa per l'antico ideale era aperta; il concetto di «mondo *vero*», il concetto della morale come *essenza* del mondo (– questi due errori, i più maligni che siano mai esistiti), grazie a una scepsi sottilmente accorta, ora tornavano ad essere se non dimostrabili, per lo meno non più *confutabili*... La ragione, il *diritto* della ragione non arriva tanto lontano... Della realtà era stata fatta un'«apparenza»; un mondo completamente *inventato*, quello dell'essere, era stato fatto realtà... Il successo di Kant non è altro che un successo teologico: al pari di Lutero, al pari di Leibniz, Kant fu una zeppa di più per l'onestà tedesca, in sé non salda...

11

Ancora una parola contro Kant come *moralista*. Una virtù deve essere *nostra* invenzione, *nostra* personalissima legittima difesa e stretta necessità: in ogni altro senso essa è soltanto un pericolo. Quel che non condiziona la nostra vita, la *danneggia*: una virtù costituita semplicemente da un sentimento di rispetto di fronte al concetto di «virtù», come voleva Kant, è dannosa. La «virtù», il «dovere», il «bene in sé», il bene con il carattere dell'impersonalità e della universale validità –

chimere in cui si esprime la decadenza, l'estremo depotenziamento della vita, la cineseria königsberghese. Le più profonde leggi di conservazione e di crescita impongono il contrario: che ognuno si inventi la *sua* virtù, il *suo* imperativo categorico. Un popolo va in rovina quando confonde il *suo* dovere con il concetto del dovere in generale. Non v'è nulla che crolli più profondamente, più intimamente, di ogni dovere «impersonale», di ogni sacrificio dinanzi al Moloch dell'astrazione. – Che non si sia avvertito come *pericoloso per la vita* l'imperativo categorico di Kant? . . . L'istinto teologico fu il solo a prenderlo sotto la sua protezione! – Un'azione, a cui l'istinto della vita costringe, trova nel piacere la sua dimostrazione di essere un'azione *giusta*: e quel nichilista dalle viscere cristiano-dommatiche considerava il piacere un'*obiezione* . . . Che cosa distrugge più rapidamente del lavorare, del pensare, del sentire senza un'intima necessità, senza una scelta profondamente personale, senza un *piacere*? come un automa del «dovere»? È questa addirittura la *ricetta* della *décadence*, e persino dell'idiotismo . . . Kant divenne idiota. [8] – Ed era il contemporaneo di *Goethe*! Questo ragno funesto fu considerato il filosofo *tedesco* – ed è ritenuto tale ancora! . . . Io mi guardo dal dire quel che penso dei Tedeschi . . . Non ha forse veduto Kant nella Rivoluzione francese il trapasso dalla forma inorganica dello Stato a quella *organica*? Non è stato lui a domandarsi se esista un avvenimento che non possa essere spiegato in alcun altro modo se non mediante una disposizione morale dell'umanità, di guisa che con esso, una volta per tutte, sarebbe *dimostrata* la «tendenza dell'umanità al bene»? Risposta di Kant: «è la rivoluzione».[9] L'istinto erroneo in tutto e per tutto, la contronatura come istinto, la *décadence* tedesca come filosofia – *questo è Kant!* –

12

Metto da parte un paio di scettici, il tipo decoroso di uomini nella storia della filosofia; ma il resto ignora le esigenze prime della rettitudine intellettuale. Fanno tutti quanti come le femminucce, tutti questi grandi visionari e prodigiosi animali – per essi i «bei sentimenti» sono già delle argomentazioni, «il gonfio petto» un mantice della divinità, la convinzione un *criterio* della verità. Finalmente ancora Kant, con «tedesca» innocenza, ha tentato di scientificizzare, sotto il concetto di «ragion pratica», questa forma della corruzione, questa mancanza di coscienza intellettuale: inventò una ragione espressamente a questo scopo, nel qual caso non ci si dovrebbe preoccupare della ragione, quando cioè la morale, la sublime esigenza del «tu devi» fanno sentire la loro voce. Se si pone mente al fatto che presso quasi tutti i popoli il filosofo è soltanto l'ulteriore evoluzione del tipo sacerdotale, non sorprenderà più questo elemento dell'eredità pretesca, questo *coniare monete false davanti a se stessi*. Quando si hanno compiti sacri, per esempio quelli di migliorare, di salvare, di redimere gli uomini, quando si porta in petto la divinità, si è portavoce di imperativi ultraterreni, si è già al di fuori, con una tale missione, da ogni valutazione d'ordine semplicemente razionale – si è già in se stessi santificati da un tale compito, si forma già in se stessi il tipo di un ordinamento superiore! . . . Che cosa importa a un prete la *scienza*! Egli sta troppo in alto per questo! – E il prete ha *dominato* fino ad oggi! – Egli *ha stabilito* il concetto di «vero» e «non vero»! . . .

13

Non sottovalutiamo questo fatto: *noi stessi*, noi liberi spiriti, siamo già una «trasvalutazione di tutti i valori», una *viva e vera* dichiarazione di guerra e di vittoria a tutti gli antichi concetti di «vero» e «non vero». Le idee più preziose vengono trovate per ultime; ma le idee più preziose sono i *metodi*. *Tutti* i metodi, *tutti* i presupposti del nostro attuale costume scientifico hanno avuto contro di sé, per millenni, il più profondo disprezzo: in conseguenza di essi si era esclusi dai rapporti con gli uomini «ben costumati» – si era considerati «nemici di Dio», come spregiatori della verità, come «ossessi». In quanto mentalità scientifiche, si era dei Ciandala ... Abbiamo avuto contro di noi l'intero *pathos* dell'umanità – la sua idea di ciò che *deve* essere verità, di ciò che *deve* essere il culto della verità: ogni «tu devi» è stato fino a oggi indirizzato *contro* di noi ... I nostri oggetti, i nostri procedimenti, la nostra maniera taciturna, cauta, diffidente – tutto questo parve a essa del tutto indegno e spregevole. – Finalmente potemmo, non a torto, domandarci se non fu propriamente un gusto estetico quel che ha tenuto gli uomini in una tanto lunga cecità: essi pretendevano dalla verità un effetto *pittoresco*, similmente pretendevano dall'uomo della conoscenza che agisse fortemente sui sensi. La nostra *modestia* ha troppo a lungo ripugnato al loro gusto ... Oh, come seppero indovinare tutto ciò, questi tacchini di Dio – –

14

Abbiamo altrimenti appreso. In tutte le cose ci siamo fatti più modesti. Non deriviamo più l'uomo dallo «spirito», dalla «divinità», lo abbiamo ricollocato tra gli animali. Esso è per noi l'animale più forte, perché è il più astuto: una conseguenza di ciò è la sua intellettualità. Ci guardiamo, d'altro canto, da una vanità che anche a questo punto vorrebbe di nuovo far sentire la sua voce: quella per cui l'uomo sarebbe stato la grande riposta intenzione dell'evoluzione animale. Egli non è in alcun modo il coronamento della creazione: ogni essere è, accanto a lui, su uno stesso gradino di perfezione ... E affermando questo, affermiamo ancora sempre troppo: relativamente parlando, l'uomo è l'animale peggio riuscito, il più malaticcio, il più pericolosamente aberrante dai suoi istinti – indubbiamente, con tutto ciò, anche il *più interessante!* – Per quanto riguarda gli animali, Descartes, con una audacia degna di rispetto, ha osato per la prima volta concepirli come *macchine*: l'intera nostra fisiologia si sforza di dare una dimostrazione a questa tesi. Ma noi, logicamente, non mettiamo da parte l'uomo, cosa che ancora Descartes fece: ciò che oggi in genere si comprende dell'uomo giunge esattamente allo stesso punto della sua comprensione meccanicistica. Un tempo si dava all'uomo, come sua dote discendente da un ordinamento superiore, il «libero volere»: oggi gli abbiamo tolto anche la volontà, nel senso che sotto questo termine non si può più intendere una facoltà. La vecchia parola «volontà» serve soltanto a contrassegnare una risultante, una sorta di reazione individuale che consegue necessariamente a una quantità di stimoli in parte contraddittori, in parte concordanti – la volontà non «agisce» più, non «muove» più ... Un tempo si vedeva nella coscienza dell'uomo, nello «spirito», la prova della sua origine superiore, della sua divinità: per rendere l'uomo *perfetto*, gli si consigliò di ritrarre i sensi dentro di sé al modo delle tartarughe, di sospendere pure i suoi rapporti con l'elemento terreno, di deporre la spoglia mortale: in tal modo sarebbe restata di lui la cosa principale, il «puro spirito». Anche a questo proposito noi abbiamo meditato meglio: il diventare coscienti, lo «spirito», è per noi precisamente un sintomo di una relativa imperfezione dell'organismo, un tentare, un brancicare, un cogliere a vuoto, un affaticamento in cui viene logorata senza necessità molta forza nervosa, – noi neghiamo che una qualche cosa possa essere fatta in maniera perfetta, fintanto che essa viene fatta ancora coscientemente. Il «puro spirito» è una pura stupidaggine: se detraiamo il sistema nervoso e i sensi, la «spoglia mortale», *sbagliamo nel calcolo* – ecco tutto! . . .

15

Né la morale né la religione vengono a contatto, nel cristianesimo, con un qualsiasi punto della realtà. *Cause* puramente immaginarie («Dio», «anima», «io», «spirito», «libero volere» – o anche «non libero»); *effetti* puramente immaginari («peccato», «redenzione», «grazia», «punizione», «remissione dei peccati»). Un commercio tra *esseri* immaginari («Dio», «spiriti», «anime»); un'immaginaria scienza della *natura* (antropocentrica; completa mancanza del concetto di cause naturali); un'immaginaria *psicologia* (un mero autofraintendimento, interpretazioni di piacevoli o spiacevoli sentimenti comuni, per esempio, delle condizioni del *nervus sympathicus*, con l'aiuto del linguaggio di segni di una idiosincrasia religiosa e morale – «pentimento», «rimorso di coscienza», «tentazione del diavolo», «la vicinanza di Dio»); un'immaginaria *teleologia* («il regno di Dio», «il giudizio universale», «la vita eterna»). – Questo *mondo* di pure *finzioni* si differenzia, con suo notevole svantaggio, dal mondo del sogno per il fatto che quest'ultimo *rispecchia* la realtà, mentre *esso* falsifica, svaluta, nega la realtà. Soltanto dopo che si trovò nel concetto di «natura» il concetto antitetico di «Dio», la parola «naturale» dovette equivalere a «riprovevole» – quell'intero mondo di finzioni ha la sua radice nell'*odio* contro l'elemento naturale (– la realtà! –), esso è l'espressione di un profondo malcontento per il reale . . . *Ma con ciò tutto è chiarito.* Chi è il solo ad avere motivi per evadere *bugiardamente* dalla realtà? Colui che *soffre* di essa. Ma soffrire della realtà significa essere una realtà *malfatta* . . . La preponderanza dei sentimenti spiacevoli su quelli piacevoli è la *causa* di quella morale e di quella religione fittizie: ma una tale preponderanza offre la *formula* della *décadence* . . .

16 [10]

A un'identica conclusione si giunge necessariamente attraverso una critica del *concetto cristiano di Dio.* – Un popolo che crede ancora in se stesso ha ancora il suo proprio Dio. In esso venera le condizioni per mezzo delle quali supera ogni ostacolo, le sue virtù; proietta il suo piacere di sé, il suo sentimento di potenza in un essere al quale possa rendere grazie per questo. Chi è ricco vuole offrire; un popolo superbo ha bisogno di un Dio per *sacrificare* . . . All'interno di tali premesse la religione è una forma di riconoscenza. Si è riconoscenti per se stessi: perciò si ha bisogno di un Dio. – Un tale Dio deve poter giovare e nuocere, deve poter essere amico e nemico – lo si ammira, nel bene come nel male. La castrazione *contronatura* di un Dio in un Dio soltanto del bene sarebbe qui al di fuori di ogni immagine ideale. Si ha bisogno tanto del Dio cattivo quanto di quello buono: non è precisamente alla tolleranza, alla filantropia che si deve invero la propria esistenza... Che importerebbe un Dio che non conoscesse né ira, né vendetta, né invidia, né scherno, né astuzia, né azioni violente? cui forse non fossero noti neppure gli incantevoli *ardeurs* della vittoria e dell'annientamento? Un Dio simile non lo si comprenderebbe: a quale scopo dovremmo averlo? – Senza dubbio, quando un popolo va in rovina; quando sente definitivamente dileguarsi la fede nell'avvenire, la sua speranza di libertà; quando entrano nella sua coscienza la sottomissione come prima utilità, le virtù del sottomesso come condizioni di conservazione, allora *deve* trasformarsi anche il suo Dio. Esso allora diventa sornione, timoroso, modesto, consiglia la «pace dell'anima», il non-più-odiare, l'indulgenza, persino l'«amore» verso l'amico e il nemico. Moralizza costantemente, striscia nell'antro di ogni virtù privata, diventa Dio per ognuno, diventa uomo privato, diventa cosmopolita... Una volta esso rappresentava un popolo, la forza di un popolo, tutta l'aggressività e la sete di potenza dell'anima di un popolo: oggi è ancora soltanto il buon Dio... In realtà per gli dèi non esiste alcun'altra alternativa: *o* essi sono la volontà di potenza – e finché resteranno tali saranno dèi del popolo – *oppure* invece l'inettitudine alla potenza – e allora saranno necessariamente *buoni*...

17

Laddove declina in qualsiasi forma la volontà di potenza, c'è ogni volta anche una involuzione fisiologica, una *décadence*. La divinità della *décadence*, mutilata delle sue virtù e dei suoi istinti virili, diventa ormai, necessariamente, il Dio dei fisiologicamente regrediti, dei deboli. Essi non dànno a se stessi il nome di deboli, ma quello di «buoni» . . . Si comprende, senza che sia ancora necessario accennarvi, in quali momenti della storia divenga per la prima volta possibile la funzione dualistica di un Dio buono e di un Dio cattivo. Con lo stesso istinto con cui i sottomessi degradano il loro Dio a «bene in sé», essi cancellano le qualità buone dal Dio dei loro vincitori; si vendicano dei loro padroni, *trasformando* il loro Dio *in un diavolo*. – Il Dio *buono*, allo stesso modo del diavolo, sono entrambi prodotti della *décadence*. – Come è possibile ancor oggi cedere alla buaggine dei teologi cristiani, al punto da decretare con essi che lo sviluppo del concetto di Dio, dal «Dio d'Israele», dal Dio del popolo al Dio cristiano, alla somma di ogni bene, sia un *progresso*? – Tuttavia è lo stesso Renan a farlo. Come se Renan avesse un diritto alla buaggine! Eppure il contrario balza agli occhi. Se i presupposti della vita *ascendente*, se tutto ciò che è forte, coraggioso, imperioso, fiero, viene eliminato dal concetto di Dio, se poco per volta esso affonda nel simbolo di un bastone per gli stanchi, di un'àncora di salvezza per tutti coloro che stanno per annegare, se diventa il dio-della-povera-gente, il dio-dei-peccatori, il dio-degli-infermi *par excellence*, e il predicato di «salvatore», di «redentore» *residua*, per così dire, come predicato divino in generale: *che cosa* significa una simile metamorfosi? Una tale *riduzione* del divino? – Indubbiamente «il regno di Dio» è in tal modo divenuto più grande. Una volta egli aveva soltanto il suo popolo, il suo popolo «eletto». Ma proprio come il suo stesso popolo, egli se ne andò frattanto in vagabondaggio in terra straniera: da allora non se ne stette mai quieto in alcun luogo: sinché finì per trovarsi ovunque a casa sua, questo grande cosmopolita – finché ebbe dalla sua parte il «gran numero» e metà della terra. Ma con tutto ciò il Dio del «gran numero», questo democratico tra gli dèi, non divenne un fiero dio pagano: restò ebreo, restò il Dio del cantuccio, il Dio di tutti gli angoli e i luoghi oscuri, di tutti gli alloggi malsani del mondo intero! . . . Il suo regno mondiale è, sia prima che dopo, un regno dell'oltretomba, un ospedale, un regno del sottosuolo, un regno del ghetto . . . E lui stesso, così pallido, così gracile, così *décadent* . . . Persino i più esangui tra gli esangui signoreggiarono su di lui, i signori metafisici, gli albini del concetto. Tesserono le loro trame così a lungo intorno a lui che, ipnotizzato dai loro movimenti, divenne lui stesso un ragno, un metafisico. Tornò allora a tessere il mondo traendolo da se stesso – *sub specie Spinozae* – ormai si trasfigurava in qualcosa di sempre più sottile ed esangue, divenne «ideale», divenne «puro spirito», divenne «*absolutum*», divenne «cosa in sé» . . . *Decadimento di un Dio*: Dio divenne «cosa in sé» . . .

18

Il concetto cristiano di Dio – Dio come divinità degli infermi, Dio come ragno, Dio come spirito – è uno dei più corrotti concetti di Dio, che siano mai stati raggiunti sulla terra; esso rappresenta forse, nello sviluppo discendente dei tipi di divinità, addirittura il grado dell'infimo livello. Dio degenerato fino a *contraddire la vita*, invece di esserne la trasfigurazione e l'eterno *sì*! In Dio è dichiarata inimicizia alla vita, alla natura, alla volontà di vivere! Dio, la formula di ogni calunnia dell'«al di qua», di ogni menzogna dell'«al di là»! In Dio è divinizzato il nulla, è consacrata la volontà del nulla! . . .

19

Il fatto che le forti razze dell'Europa settentrionale non abbiano respinto da sé il Dio cristiano non va in verità a onore della loro attitudine religiosa – per non parlare del gusto. Avrebbero *dovuto* farla finita con un tale morboso e decrepito prodotto della *décadence*. Ma il non averla fatta finita con quello è per loro una pesante maledizione: esse hanno accolto in tutti i loro istinti la malattia, la vecchiaia, la contraddizione – da allora non hanno più *creato* alcun Dio! Quasi due millenni e non un solo nuovo Dio! Ma invece ancor sempre, e come se esistesse di diritto, come un *ultimatum* e un *maximum* della forza plasmatrice di divinità, del *creator spiritus* nell'uomo, questo miserando Dio del monotono-teismo cristiano! Questo ibrido prodotto della decadenza fatto di nullità, un contraddittorio concetto in cui tutti gli istinti della *décadence*, tutte le viltà e le stanchezze dell'anima hanno la loro sanzione! – –

20

Con la mia condanna del cristianesimo non vorrei aver fatto torto a una religione affine, che anche per il numero dei suoi seguaci è superiore a esso: vale a dire il *buddhismo*. Sono connesse tra loro in quanto religioni nichilistiche – sono religioni della *décadence* –, ma sono separate l'una dall'altra nel modo più singolare. Del fatto che oggi possiamo *metterle a confronto*, il critico del cristianesimo è profondamente grato agli studiosi dell'India. Il buddhismo è cento volte più realistico del cristianesimo – incarna l'eredità di una maniera oggettiva e ardita nel porre problemi, *succede* a un movimento filosofico durato centinaia d'anni; il concetto di «Dio», quando appare, è già quasi liquidato. Il buddhismo è la sola religione veramente *positivistica* che ci mostri la storia; anche nella sua teoria della conoscenza (un rigoroso fenomenalismo –), esso non dice più «lotta contro il *peccato*», sibbene, dando completamente ragione alla realtà, «lotta contro il *dolore*». Differenziandosi profondamente dal cristianesimo, esso ha già dietro di sé l'autoimpostura dei concetti morali, – esso sta, parlando nella mia lingua, *al di là* del bene e del male. – I *due* dati di fatto psicologici, su cui esso si basa e che tiene in considerazione, sono: *in primo luogo* una enorme eccitabilità che si esprime come raffinata capacità di soffrire; *in secondo luogo*, un iperintellettualismo, un vivere troppo a lungo nei concetti e nei procedimenti logici, mentre l'istinto personale è stato danneggiato a vantaggio dell'«impersonale» (– almeno alcuni dei miei lettori, gli «obiettivi», conosceranno, al pari di me, per esperienza, entrambi questi stati). Sulla base di queste condizioni fisiologiche si è prodotta una *depressione*: contro di essa Buddha procede in termini igienici. In contrasto a essa egli mette in pratica la vita all'aperto, la vita errante; la moderazione e la scelta nei cibi; la cautela verso tutti gli alcolici; e similmente la cautela verso tutti gli affetti che producono la bile e infiammano il sangue; nessuna *preoccupazione* né per sé, né per gli altri. Egli esige rappresentazioni che diano quiete oppure rasserenino – escogita mezzi per disabituarsi dalle altre. Concepisce la bontà, l'essere buoni, come un incremento positivo per la salute. La *preghiera* è esclusa, così come l'*ascesi*; nessun imperativo categorico, nessuna *costrizione* in genere, nemmeno all'interno della comunità claustrale (– da cui si può sempre uscire). Tutti questi erano mezzi per irrobustire quella enorme eccitabilità. Appunto per questo egli non richiede alcuna lotta contro coloro che pensano diversamente; ciò da cui *maggiormente* si difende la sua dottrina, è il sentimento della vendetta, dell'avversione, del *ressentiment* (– «l'inimicizia non ha termine coll'inimicizia»:[11] è questo il toccante ritornello dell'intero buddhismo . . .). E non a torto: precisamente questi affetti sarebbero assolutamente malsani in ordine al proposito principale di carattere dietetico. La spossatezza intellettuale, di fronte alla quale egli si è trovato e che si esprime in una troppo grande «obiettività» (vale a dire infiacchimento dell'interesse individuale, perdita del centro di gravità, di «egoismo»), egli la combatte riconducendo rigorosamente alla *persona* anche gli interessi più intellettuali. Nella dottrina di Buddha l'egoismo diventa dovere: il principio «una sola cosa è necessaria»[12] e «come *tu* puoi liberarti dal dolore» regola e delimita l'intera dieta spirituale (– si può forse ricordare quell'Ateniese che fece guerra allo stesso modo contro la pura «scientificità», Socrate, il quale anche nel regno dei problemi elevò a morale il personale egoismo).

21

Un clima molto mite, una grande pacatezza e liberalità di costumi, *nessun* militarismo sono i presupposti del buddhismo; unitamente al fatto che le classi superiori e persino dotte sono quelle in cui il movimento ha il suo focolare. Si vuole come meta suprema la serenità, la quiete, l'assenza di desideri, e si *raggiunge* questa meta. Il buddhismo non è una religione in cui si aspiri semplicemente alla perfezione; il perfetto è il caso normale. –

Nel cristianesimo vengono in primo piano gli istinti dei sottomessi e degli oppressi: sono i ceti più bassi quelli che cercano in esso la loro salvezza. Qui la casuistica del peccato, l'autocritica, l'inquisizione della coscienza vengono esercitate come *occupazione*, come rimedio contro la noia; qui l'affetto verso un *potente*, chiamato «Dio», viene tenuto costantemente acceso (per mezzo della preghiera); qui quanto v'è di più alto è considerato inattingibile, un dono, una «grazia». Qui mancano pure le porte aperte; il nascondiglio, il luogo oscuro è cristiano. Qui la carne viene disprezzata, l'igiene rifiutata in quanto sensualità, la Chiesa oppone resistenza alla pulizia (– la prima misura adottata dai cristiani, dopo la cacciata dei Mori, fu la chiusura dei bagni pubblici, mentre la sola Cordova ne possedeva 270). Cristiano è un certo senso di crudeltà [13] verso sé e gli altri, l'odio contro coloro che pensano diversamente; la volontà di perseguitare. Sono in primo piano immagini cupe ed eccitanti; gli stati d'animo massimamente agognati, indicati con nomi eccelsi, sono quelli epilettoidi; la dieta è scelta in modo da favorire fenomeni morbosi e sovreccitare i nervi. Cristiana è la mortale inimicizia contro i signori della terra, contro i «nobili» – e al tempo stesso una nascosta, segreta rivalità (– si lascia loro il «corpo», si vuole *soltanto* l'«anima» . . .). Cristiano è l'odio contro lo *spirito*, contro l'orgoglio, il coraggio, la libertà, il *libertinage* dello spirito; cristiano è l'odio contro i *sensi*, contro le gioie dei sensi, contro la gioia in generale . . .

22

Allorché abbandonò il suo primitivo terreno, cioè i ceti infimi, i *bassifondi* del mondo antico, allorché andò in cerca di potenza tra i popoli barbari, il cristianesimo non ebbe più a questo punto, come suo presupposto, uomini *stanchi*, ma uomini interiormente rozzi e dilaniantisi – l'uomo forte, tuttavia malriuscito. L'insoddisfazione di sé, il dolore di sé *non* è qui, come nel buddhista, una smisurata eccitabilità e capacità di soffrire, ma piuttosto, tutto all'opposto, uno strapotente desiderio di far male, di sfogare l'intima tensione in azioni e immagini ostili. Il cristianesimo ebbe bisogno di idee e di valori *barbarici* per signoreggiare sui barbari: tali sono il sacrificio del primogenito, la libagione del sangue nel rito della comunione, il dispregio dello spirito e della cultura; la tortura in tutte le sue forme, nei sensi e non nei sensi; la grande pomposità del culto. Il buddhismo è una religione per uomini *d'epoche avanzate*, per razze divenute bonarie, miti, superspiritualizzate, che sentono il dolore troppo facilmente (– l'Europa è ancora ben lontana dall'essere matura per esso –): è un ricondurre tali uomini alla pace e alla serenità, alla dieta nelle cose dello spirito, a una certa insensibilità in quelle del corpo. Il cristianesimo vuole signoreggiare su *animali da preda*: il suo mezzo è renderli *malati* – indebolire è la ricetta cristiana dell'addomesticamento, della «civiltà». Il buddhismo è una religione per l'epilogo e per la stanchezza della civiltà, il cristianesimo non trova ancora neppure una civiltà dinanzi a sé – in certe circostanze la fonda.

23

Il buddhismo, ripetiamo ancora, è cento volte più freddo, più verace, più oggettivo. Esso non ha più bisogno di rendere *dignitosa* la sua sofferenza, la sua capacità di dolore mercé l'interpretazione del peccato – dice né più né meno quello che pensa, «io soffro». Per il barbaro, invece, soffrire non è in sé nulla di dignitoso: egli ha bisogno di una spiegazione, prima di confessare a se stesso *che* soffre (il suo istinto lo rivolge piuttosto alla negazione della sofferenza, a una tacita

sopportazione). In questo caso la parola «diavolo» fu un beneficio: si ebbe un nemico strapotente e terrifico – non era necessario vergognarsi di soffrire a causa di un siffatto nemico. –
Il cristianesimo ha nel suo fondo alcune sottigliezze che appartengono all'Oriente. Esso soprattutto sa che è in sé completamente indifferente il fatto che una cosa sia vera o no, ma che è estremamente importante, invece, *fino a che punto* sia creduta. La verità e la *fede* che un qualcosa sia vero: due mondi di interessi del tutto estranei l'uno all'altro, quasi due mondi *antitetici* – si giunge all'uno e all'altro per vie radicalmente diverse. Essere sapienti intorno a ciò – quasi basta questo, in Oriente, a *fare* il saggio: lo comprendono i brahmani, come lo comprende Platone e così pure ogni iniziato alla sapienza esoterica. Se, per esempio, è insita una *felicità* nel credersi redento dal peccato, come premessa di ciò *non* è necessario che l'uomo sia peccatore, ma che si *senta* peccatore. Ma se in generale è soprattutto necessaria una *fede*, si deve gettare il discredito sulla ragione, sulla conoscenza, sull'indagine: la via alla verità diventa la via *vietata*. – La forte *speranza* è uno stimolante vitale molto più grande di qualsiasi particolare felicità che si stia davvero realizzando. Si deve sostenere i sofferenti con una speranza che non possa essere contraddetta da alcuna realtà – che non possa venire *cancellata* da un adempimento: una speranza ultraterrena. (Proprio a causa di questa capacità di tener tranquilli gli sventurati, presso i Greci la speranza era considerata il male dei mali, il male veramente *perfido*: era restata in fondo al vaso del malanno). – Affinché *l'amore* sia possibile, Dio deve essere persona; affinché gli istinti più bassi possano avere anch'essi la loro voce, Dio dev'essere giovane. Per la fregola delle femmine occorre spingere in primo piano un bel santo,

per quella degli uomini una Maria. Tutto ciò stando alla premessa che il cristianesimo vuole affermare il suo dominio su un terreno in cui i culti di Afrodite o di Adone hanno già determinato il *concetto* del culto. L'esigenza della *castità* rafforza la veemenza e l'interiorità dell'istinto religioso – rende il culto più caldo, più entusiastico, più carico di sentimento. – L'amore è quello stato in cui l'uomo vede, il più delle volte, le cose così come *non* sono. La forza dell'illusione è qui al suo apogeo, e così pure una forza addolcente e *trasfigurante*. Nell'amore si sopporta più che in qualsiasi altra condizione, si tollera tutto. Si trattava di escogitare una religione in cui si potesse essere amati: in tal modo si è al di là di tutto quanto v'è di peggio nella vita – non lo si vede nemmeno più. – Ciò per quanto riguarda le tre virtù cristiane, fede, carità, speranza:[14] io le chiamo i tre *accorgimenti* cristiani. – Il buddhismo è troppo tardo, troppo positivistico per essere accorto ancora in questo modo.

24

Mi limito a toccare qui il problema dell'*origine* del cristianesimo. La *prima* tesi per la sua soluzione si esprime così: il cristianesimo può essere compreso unicamente tenendo presente il terreno su cui è allignato – esso *non* è un movimento opposto all'istinto ebraico, ne è invece il suo stesso corollario, un'illazione ulteriore nella spaventosa logica di quello. Nella formula del Redentore: «la salvezza viene dagli Ebrei».[15] – La *seconda* tesi è questa: è ancora riconoscibile il tipo psicologico del Galileo; ma soltanto nella sua completa degenerazione (che è insieme una mutilazione e un sovraccarico di tratti estranei –) esso ha potuto servire a ciò per cui è stato usato, cioè al tipo di un *redentore* dell'umanità. –

Gli Ebrei sono il popolo più notevole della storia mondiale poiché, posti dinanzi al problema dell'essere o non essere, hanno preferito, con una consapevolezza assolutamente inquietante, l'essere a *qualsiasi prezzo*: questo prezzo fu la radicale *falsificazione* di ogni natura, di ogni naturalità, di ogni realtà, dell'intero mondo interiore come di quello esteriore. Delimitarono se stessi *contro* tutti i condizionamenti, secondo i quali, fino ad allora, a un popolo era possibile ed *era permesso* vivere: crearono, traendolo da se stessi, un concetto antitetico alle condizioni *naturali*. In maniera irrimediabile hanno successivamente rovesciato nella *contraddizione coi loro valori naturali* la religione, il culto, la morale, la storia, la psicologia. Incontriamo ancora una volta, e in proporzioni indicibilmente più grandi, lo stesso fenomeno, sebbene soltanto come copia: a confronto col «popolo dei santi» manca infatti alla Chiesa cattolica ogni pretesa d'originalità. Precisamente per questo gli Ebrei sono il popolo *più fatale* della storia del mondo: nei loro postumi effetti hanno falsificato a tal punto l'umanità che ancora oggi il cristiano può sentire in maniera antisemita, senza comprendere se stesso come *l'ultima conseguenza dell'ebraismo*.

Nella mia *Genealogia della morale* [16] ho messo psicologicamente per la prima volta in evidenza i concetti antitetici di una morale *aristocratica* e di una morale del *ressentiment*, scaturita, quest'ultima, *dal no* contro la prima: ma tale è in tutto e per tutto la morale ebraico-cristiana. Per poter dire no a tutto quanto rappresenta il movimento *ascendente* della vita, la natura ben riuscita, la potenza, la bellezza, l'autoaffermazione terrena, da parte dell'istinto del *ressentiment* divenuto genio si dovette, a questo punto, inventare un *altro* mondo, secondo cui quella *affermazione della vita* appariva come il male, come il riprovevole in sé. Considerato psicologicamente, il popolo ebreo è un popolo dalla tenacissima forza vitale, il quale, una volta posto a vivere in condizioni impossibili, deliberatamente, spinto dalla più profonda saggezza dell'autoconservazione, prende le parti di tutti gli istinti della *décadence*, – non in quanto è dominato da essi, ma poiché intuisce in loro una potenza con cui si può avere la meglio *contro* «il mondo». Gli Ebrei sono l'opposto di tutti i *décadents*: hanno dovuto *rappresentarli* fino a dare l'illusione di esserlo, con un *non plus ultra* del loro genio d'attori hanno saputo porsi al vertice di tutti i movimenti della *décadence* (– come il cristianesimo di *Paolo* –), per fare di essi qualcosa che è più forte di ogni partito della vita *che dica il suo sì*. Per quella specie di uomini che nell'ebraismo e nel cristianesimo desiderano la potenza, una specie sacerdotale, la *décadence* è soltanto un *mezzo*: questo genere di uomini trova un interesse vitale nel rendere *malata* l'umanità e nel rovesciare, in un senso pericoloso per la vita e denigratorio per il mondo, i concetti di «buono» e «malvagio», «vero» e «falso». –

25[17]

La storia d'Israele è inestimabile come storia tipica di ogni *snaturalizzazione* dei valori naturali: accennerò a cinque fatti di essa. In origine, soprattutto all'epoca del potere regio, anche Israele si trovava nel *giusto*, vale a dire nel naturale rapporto con tutte le cose. Il suo Javeh era l'espressione della coscienza del potere, del piacere di sé, della speranza riposta in sé: ci si attendeva da lui vittoria e salvezza, con lui si confidava nella natura, che essa desse ciò di cui il popolo ha bisogno – soprattutto la pioggia . . . Javeh era il Dio d'Israele e di *conseguenza* Dio della giustizia: è questa la logica di ogni popolo che ha la potenza e una buona coscienza di essa. Nel culto festivo si esprimono entrambi questi aspetti dell'autoaffermazione di un popolo: esso è grato per i grandi destini in virtù dei quali sopravanza gli ostacoli, è grato per quanto attiene alla circolarità dell'anno e a ogni buona ventura nell'allevamento del bestiame e nella coltivazione dei campi. – Questo stato di cose restò ancora per lungo tempo l'ideale, anche quando venne tristemente spazzato via: l'anarchia all'interno, gli Assiri all'esterno. Ma il popolo tenne ben salda, come sua idealità suprema, quella visione di un re che è un buon soldato e un giudice severo: la conservò soprattutto quel tipico profeta (cioè critico e satireggiatore del momento) che fu Isaia. – Ma ogni speranza restò inadempiuta. Il vecchio Dio non *poteva* più nulla di ciò che poteva una volta. Lo si sarebbe dovuto abbandonare. Che cosa accadde? Si *trasformò* il suo concetto – si *snaturalizzò* il suo concetto: esso fu mantenuto a questo prezzo. – Javeh, il Dio della «giustizia» – *non* fu *più* un'unità con Israele, un'espressione del sentimento di sé proprio di un popolo: restò soltanto un Dio sottoposto a condizioni . . . Il suo concetto diventa uno strumento nelle mani di agitatori sacerdotali, che ormai interpretano ogni buona ventura come premio, ogni calamità come castigo per una disubbidienza a Dio, per il «peccato»: quella mendacissima maniera d'interpretare un presunto «ordinamento etico del mondo», con la quale, una volta per tutte, è capovolto il concetto naturale di «causa» e «effetto». Soltanto se si è eliminata dal mondo, con la nozione del premio e del castigo, la causalità naturale, si ha bisogno di una causalità *antinaturale*: tutta la restante innaturalità è ormai una conseguenza. Un Dio che *esige* – al posto di un Dio che aiuta, che dà consigli, che è in fondo la parola per esprimere ogni felice ispirazione dell'animo e della fiducia in se stessi . . . La *morale* non è più l'espressione delle condizioni di vita e di sviluppo di un popolo, non è più il suo più profondo istinto vitale, bensì è divenuta astratta, è divenuta l'opposto della vita – la morale come radicale pervertimento della fantasia, come «malocchio» per tutte le cose. *Che cos*'è la morale ebraica, *che cos*'è la morale cristiana? Il caso defraudato della sua innocenza; l'infelicità contaminata con il concetto di «peccato»; – lo stato di benessere come pericolo, come «tentazione»; il malessere fisiologico intossicato dal verme della coscienza . . .

26

Il concetto falsificato di Dio; il concetto falsificato della morale – la classe sacerdotale ebraica non si fermò a questo. Non si poteva usare l'intera *storia* d'Israele: e allora basta con essa! – Questi sacerdoti hanno portato a termine una prodigiosa falsificazione a documentare la quale ci sta dinanzi una buona parte della Bibbia: con uno scherno senza pari per ogni tradizione, per ogni realtà storica, hanno *tradotto* il passato del loro proprio popolo *nell'elemento religioso*, vale a dire, hanno fatto di esso uno stupido meccanismo salvifico di colpa contro Javeh e di castigo, di devozione verso Javeh e di ricompensa. Avvertiremmo molto più dolorosamente questo atto, quanto mai obbrobrioso, di falsificazione storica, se l'interpretazione *ecclesiastica* della storia, per millenni, non ci avesse reso quasi ottusi per le esigenze della rettitudine *in historicis*. E i filosofi secondarono la Chiesa: la *menzogna* dell'«ordinamento etico del mondo» s'intreccia persino all'intero sviluppo della filosofia moderna. Che cosa significa «ordinamento etico del mondo»? Che esiste, una volta per tutte, una volontà divina, in ordine a quel che l'uomo deve fare o non fare: che il valore di un popolo, di un individuo si misura dalla sua maggiore o minore obbedienza alla volontà di Dio; che nei destini di un popolo, di un individuo, la volontà di Dio si dimostra *dominante*, cioè punitrice e rimuneratrice, a seconda del grado di obbedienza. – La *realtà*, messa al posto di questa miserabile menzogna, è la seguente: una specie parassitaria di uomini, che prospera unicamente a spese di tutti i sani organismi vitali, quella dei *sacerdoti*, abusa del nome di Dio: chiama «regno d'Iddio» uno stato di cose, in cui il sacerdote determina il valore delle cose; chiama «divina volontà» i mezzi in virtù dei quali un tale stato viene raggiunto o mantenuto in piedi; con un freddo cinismo misura i popoli, le epoche, gli individui secondo che essi abbiano giovato o contrastato alla strapotenza dei preti. Guardiamoli all'opera: nelle mani dei sacerdoti ebrei la *grande* epoca nella storia d'Israele divenne un'età di decadenza; l'esilio, la lunga sventura si trasformò in un eterno *castigo* per quella grande epoca – un'epoca in cui il sacerdote era ancora nulla . . . Delle possenti figure della storia d'Israele, realizzatesi in *piena libertà*, essi hanno fatto, secondo il bisogno, persone grettamente servili e bigotte, oppure degli «atei»; hanno semplificato la psicologia di ogni grande avvenimento nella formula idiota dell'«obbedienza *o* disobbedienza verso Dio». – Ancora un passo avanti: la «volontà di Dio» (cioè le condizioni per conservare la potenza del sacerdote) deve essere *conosciuta* – a questo scopo è necessaria una «rivelazione». Più chiaramente: si rende necessaria una grande falsificazione letteraria, viene scoperta una «Sacra Scrittura» – essa è resa di pubblica ragione con ogni ieratica magnificenza, con giorni di penitenza e grida lamentose a proposito del «lungo peccato». La «volontà di Dio» era stabilita da un pezzo: tutta la disgrazia sta nell'esserci estraniati dalla «Sacra Scrittura» . . . Già a Mosè si era rivelata la «volontà di Dio» . . . Che cos'era successo? Con rigore e pedanteria, fino ai grandi e piccoli tributi che gli si doveva pagare (non si dimentichi i saporitissimi pezzi di carne: giacché il prete è un divoratore di bistecche), il sacerdote aveva formulato, una volta per tutte, *quel che vuole avere*, «quel che è la volontà di Dio» . . . Da allora in poi tutte le cose della vita sono ordinate in modo che il prete è *ovunque indispensabile*; in tutti i naturali eventi della vita, nascita, matrimonio, malattia, morte, per non parlare del «sacrificio» («la cena»), interviene il santo parassita, per *snaturalizzarli* – nel suo linguaggio: per «santificarli» . . . Ci si deve infatti rendere conto di questo: ogni costume naturale, ogni naturale istituzione (Stato, ordinamento giudiziario, matrimonio, cura dei malati e dei poveri), ogni esigenza suggerita dall'istinto della vita, insomma tutto ciò che ha *in sé* il suo valore, viene sistematicamente destituito di valore, *contrapposto* al valore dal parassitismo del prete (o dell'«ordinamento etico del mondo»): c'è alla fine bisogno di una sanzione – occorre una potenza *dispensatrice di valore*, che neghi in ciò la natura e proprio in quest'unico modo *crei* un valore . . . Il prete svalorizza, *dissacra* la natura: in generale è a questo prezzo che egli esiste. – La disobbedienza verso Dio, cioè verso il prete, verso «la legge», riceve ora il nome di «peccato»: i mezzi per nuovamente «riconciliarsi con Dio», sono, come è logico, mezzi con i quali l'assoggettamento al prete è semplicemente assicurato in maniera ancor più radicale: soltanto il prete «redime» . . . Considerando la cosa psicologicamente, in ogni società organizzata su basi sacerdotali i «peccati» diventano indispensabili: essi sono i caratteristici appigli della potenza, il prete *vive* dei peccati, per lui è necessario che si «pecchi»... Principio supremo: «Dio perdona a chi fa penitenza» – o più chiaramente: *a chi si sottomette al prete*. –

27[18]

Su un terreno *falso* in tale maniera, in cui ogni natura, ogni valore naturale, ogni *realtà* avevano contro di sé i più profondi istinti della classe dominante, si sviluppò il *cristianesimo*, una forma di mortale inimicizia contro la realtà, che non è stata fino a oggi superata. Il «popolo santo», che per tutte le cose aveva conservato soltanto valori sacerdotali, parole sacerdotali, e che con un coerente rigore di conclusioni da metter paura aveva superato da sé, come «profano», come «mondo», come «peccato», ogni altra potenza sussistente ancora sulla terra – questo popolo produsse per il suo istinto un'ultima formula, la quale era logica fino all'autonegazione: esso negò, come *cristianesimo*, anche l'ultima forma della realtà, il «popolo santo», il «popolo degli eletti», la stessa realtà *ebraica*. Il caso è di prim'ordine: il piccolo moto di ribellione, che viene battezzato col nome di Gesù di Nazareth, è *ancora una volta* l'istinto ebraico – in altri termini, l'istinto sacerdotale che non sopporta più il prete come realtà, l'invenzione di una forma d'esistenza ancora *più astratta*, di una visione del mondo ancora *più irreale* di quanto sia condizionata dall'organizzazione di una Chiesa. Il cristianesimo *nega* la Chiesa...

Non riesco a vedere contro che cosa fu diretta la rivolta, come promotore della quale Gesù è stato compreso o *frainteso*, se non fu una rivolta contro la Chiesa ebraica – intendendo la parola Chiesa esattamente nello stesso senso in cui noi oggi prendiamo questo termine. Fu una rivolta contro «i buoni e i giusti», contro «i santi d'Israele», contro la gerarchia della società – *non* contro la sua corruzione, ma contro la casta, il privilegio, l'ordinamento, la formula; fu l'*incredulità* negli «uomini superiori», il *no* detto a tutto quanto era ecclesiastico e teologico. Ma la gerarchia che in tal modo, sia pure soltanto per un attimo, era stata messa in questione, era la palafitta su cui il popolo ebraico, in mezzo alle «acque», protraeva ancora in generale la sua esistenza – *l'ultima* possibilità faticosamente conquistata di sopravvivere, il *residuum* della sua particolare esistenza politica: un attacco a essa era un attacco al più profondo istinto di un popolo, alla più tenace volontà di vita di un popolo che sia mai esistita sulla terra. Questo santo anarchico che chiamò il basso popolo, i reietti e i «peccatori», i *Ciandala* all'interno dell'ebraismo, a contraddire l'ordine dominante – con un linguaggio, se si deve prestar fede ai Vangeli, che ancor oggi condurrebbe in Siberia, era un delinquente politico, nella misura in cui appunto erano possibili delinquenti politici in una società *assurdamente impolitica*. Questo lo portò sulla croce: la prova di tutto ciò è l'iscrizione della croce. Egli morì per *sua* colpa – non v'è alcuna ragione per asserire che egli sia morto per colpa altrui, anche se ciò è stato tanto spesso affermato. –

28

È una questione completamente diversa, se egli sia stato o no cosciente di una tale antitesi – o se di lui non si sia *avvertito* nient'altro che questa antitesi. E tocco qui, per la prima volta, il problema della *psicologia del redentore*. – Confesso che pochi libri sono per me, alla lettura, così difficoltosi come i Vangeli. Queste difficoltà sono diverse da quelle che la curiosità erudita dello spirito tedesco ha sviscerato, celebrando uno dei suoi trionfi più indimenticabili. È lontano il tempo in cui anch'io, come ogni giovane dotto, assaporavo con l'accorta lentezza di un raffinato filologo l'opera dell'incomparabile Strauss.[19] Allora avevo vent'anni: oggi sono troppo serio per queste cose. Cosa m'importano le contraddizioni della «tradizione»? Come possono leggende di santi in genere essere dette «tradizioni»? Le storie di santi sono la letteratura più ambigua che esista: applicare a esse il metodo scientifico, *posto che non esistano altri documenti*, mi sembra condannabile sin dal principio – una mera oziosità erudita . . .

29

Quel che riguarda *me*, è il tipo psicologico del redentore. Esso *potrebbe*, per l'appunto, essere contenuto nei Vangeli a dispetto dei Vangeli, per quanto questi siano pur sempre mutili o sovraccarichi di tratti estranei: allo stesso modo con cui Francesco di Assisi è contenuto nelle sue leggende a dispetto delle sue leggende. *Non* la verità su quel che lui ha fatto, su quel che ha detto, su come in realtà sia morto: ma il problema *se* il suo tipo sia in generale ancora rappresentabile, se esso sia «tramandato». – I tentativi a me noti di leggere tra le righe dei Vangeli persino la *storia* di un'«anima» mi sembrano prove di una esecrabile frivolezza psicologica. Il signor Renan, questo pagliaccio *in psychologicis*, ha tirato in ballo, per la sua spiegazione del tipo di Gesù, i due concetti *meno appropriati* che possano darsi al riguardo: il concetto di *genio* e il concetto di *eroe* («*héros*»). Ma se c'è qualche cosa di non evangelico, è proprio il concetto di eroe. Precisamente l'opposto di ogni lotta, di ogni sentirsi in lotta è qui divenuto istinto: l'incapacità di resistere diventa qui moralità («non contrastare al male!» sono le più profonde parole dei Vangeli, in un certo senso la loro chiave),[20] lo diventa la beatitudine nella pace, nella mitezza, nel non-*poter*-essere-nemici. Che cosa significa «lieta novella»? La vita vera, la vita eterna è trovata, – non viene promessa, esiste, è *in voi*: come vita nell'amore, nell'amore senza detrazioni o esclusioni, senza distanza. Ognuno è figlio d'Iddio – Gesù non pretende assolutamente nulla per sé solo – ognuno, in quanto figlio di Dio, è eguale all'altro . . . Fare di Gesù un *eroe*! – E quale fraintendimento è poi la parola «genio»! L'intero nostro concetto di «spirito», un nostro concetto culturale, non ha alcun senso nel mondo in cui vive Gesù. Parlando col rigore del fisiologo, qui cadrebbe invece a proposito una parola ben diversa, la parola: idiota.[21] Conosciamo uno stato di morbosa irritabilità del *senso tattile*, che rifugge tremando da ogni contatto, da ogni presa di oggetti solidi. Si traduca un siffatto *habitus* fisiologico nella sua logica ultima – come odio istintivo di *ogni* realtà, come fuga nell'«inafferrabile», nell'«inconcepibile», come ripugnanza a ogni formula, a ogni concetto spazio-temporale, a tutto ciò che è stabile, costume, istituzione, Chiesa, come uno starsene di casa in un mondo con cui non viene più in contatto alcuna specie di realtà, in un mondo meramente «interiore», un mondo «vero», un mondo «eterno» . . . «Il regno di Dio è *in voi*» . . .[22]

30

L'odio istintivo contro la realtà: corollario di una estrema capacità di soffrire ed irritabilità, la quale non vuole più essere, in generale, «toccata», poiché sente ogni contatto troppo profondamente.

L'istintiva esclusione di ogni avversione, di ogni ostilità, di ogni limite e distanza nel sentimento: corollario di un'estrema capacità di soffrire e irritabilità, che sente ogni resistenza, ogni necessità di resistenza già come *pena* intollerabile (cioè come un fatto *nocivo*, *sconsigliato* dall'istinto di conservazione), e conosce la beatitudine (il piacere) soltanto nel non opporre più resistenza, non più a nessuno, né alla disgrazia né al male, – l'amore come unica, come *ultima* possibilità di vita . . .
Sono queste le due *realtà fisiologiche* sulle quali, dalle quali è cresciuta la dottrina della redenzione. Io la definisco un sublime sviluppo ulteriore dell'edonismo su base assolutamente morbosa. Strettamente affine a essa, anche se con una grossa aggiunta di vitalità e forza nervosa greche, resta l'epicureismo, la dottrina redentrice del paganesimo. Epicuro, un *tipico décadent*: da me per primo riconosciuto come tale. – Il timore della sofferenza, perfino dell'infinitamente piccolo nel dolore – non *può* avere alcun altro esito che una *religione dell'amore* . . .

31

Ho dato già in anticipo la mia risposta al problema. Il presupposto di essa è che il tipo del redentore ci è conservato soltanto in una forte deformazione. Questa deformazione è in sé molto verosimile: per parecchie ragioni un tipo siffatto non poteva restare puro, integro, scevro di ingredienti. Non solamente l'ambiente in cui si è mossa questa strana figura deve avere lasciato traccia in tale tipo, ma l'hanno lasciata altresì, e in misura ancora maggiore, la storia, il *destino* delle prime comunità cristiane: retroattivamente il tipo ne venne arricchito, con tratti che diventano comprensibili soltanto in dipendenza della guerra e per scopi di propaganda. Quello strano mondo malato in cui ci introducono i Vangeli – un mondo che sembra uscito da un romanzo russo, in cui i rifiuti della società, le malattie nervose e un'«infantile» idiozia[23] paiono essersi dati convegno, – deve avere in tutti i modi *reso più rozzo* il tipo: i primi discepoli, in particolare, dovevano prima tradurre nella loro propria grossolanità un tale essere completamente immerso nei simboli e nell'inconcepibile, per poter comprendere in generale qualche cosa, – per essi il tipo cominciò a *sussistere* soltanto dopo essere stato plasmato unitariamente in forme più note . . . Il profeta, il messia, il futuro giudice, il maestro di morale, il taumaturgo, Giovanni Battista – furono altrettante occasioni per travisare il tipo . . . Non sottovalutiamo, infine, il *proprium* di ogni grande venerazione, segnatamente settaria: essa cancella nell'essere venerato i tratti e le idiosincrasie originali, spesso spiacevolmente strane – *non le vede neppure*. Ci sarebbe da rammaricarsi che non sia vissuto un Dostoevskij nelle vicinanze di questo interessantissimo *décadent*, un uomo, intendo dire, che sapesse appunto avvertire il trascinante fascino di una siffatta mescolanza di sublimità, malattia e infantilismo. Un ultimo punto di vista: il tipo, come tipo della *décadence*, *potrebbe* essere stato in realtà caratteristicamente multiplo e contraddittorio: non è completamente da escludersi una tale possibilità. Ciononostante tutto ci dissuade da essa: in questo caso per l'appunto la tradizione dovrebbe essere notevolmente fedele e obiettiva: abbiamo invece ragioni per ritenere il contrario. Per il momento si apre una contraddizione tra il predicatore della montagna, del lago e dei prati, la cui apparizione fa pensare a un Buddha, su un terreno molto poco indiano, e quel fanatico dell'attacco, nemico mortale dei teologi e dei preti, che la malignità di Renan ha glorificato come «*le grand maître en ironie*».[24] Io stesso non ho alcun dubbio che l'abbondante quantità di bile (e persino di *esprit*) si sia travasata sul tipo del maestro soltanto in base all'eccitato stato d'animo della propaganda cristiana: è invero largamente nota la spregiudicatezza di tutti i settari nel mettere a punto la propria *apologia* prendendo le mosse dal loro maestro. Allorché la prima comunità ebbe bisogno, *contro* i teologi, di un teologo che giudica, litiga, va in collera e malignamente cavilla, si *creò* il suo «Dio» secondo la propria necessità: e gli mise pure in bocca, senza indugio, anche quei concetti perfettamente non evangelici, di cui ora non poteva fare a meno, «secondo avvento», «giudizio universale», ogni sorta di aspettazioni e di promesse temporali. –

32

Sia detto ancora una volta, io mi oppongo a che venga incluso il fanatico nel tipo del redentore: la parola *impérieux*, che usa Renan, già da sola *annulla* il tipo. La «buona novella» è appunto quella che non esistono più contrasti; il regno dei cieli appartiene ai *fanciulli*; la fede che fa sentire ora la sua voce non è una fede conquistata con la lotta – essa esiste, è sin dal principio, è, per così dire, un'innocenza fanciullesca ricondotta nella sfera spirituale. Il caso della pubertà ritardata e non sviluppatasi nell'organismo, in quanto conseguente fenomeno della degenerazione è, se non altro, familiare ai fisiologi. – Una tale fede non si sdegna, non rimprovera, non contrasta: non porta «la spada»[25] – non presagisce affatto sino a che punto potrebbe un giorno arrivare a dividere. Essa non si dimostra né con miracoli, né con ricompense e promesse, e nemmeno «mediante la Scrittura»: essa stessa è in ogni istante il suo miracolo, la sua ricompensa, la sua dimostrazione, il suo «regno d'Iddio». Questa fede non si formula neppure – essa *vive*, è restia alle formule. Indubbiamente la contingenza dell'ambiente, della lingua, della propedeutica determina una certa cerchia di idee: il primo cristianesimo maneggia *soltanto* idee ebraico-semitiche (vi rientrano il mangiare e il bere nell'eucarestia; un'idea così tristemente abusata dalla Chiesa, come tutto ciò che è ebraico).[26] Ma ci si guardi dal vedere in tutto questo qualcosa di più che un discorso figurato, una semeiotica, un'occasione per allegorizzare. Proprio il fatto che nessuna parola viene presa alla lettera, è per questo antirealista la condizione prima per potere, in generale, parlare. In mezzo agli Indiani si sarebbe servito dei concetti del Sānkhya, tra i Cinesi di quelli di Laotse, – senza avvertire alcuna differenza. – Si potrebbe, usando quest'espressione con una certa tolleranza, chiamare Gesù un «libero spirito» – egli non sa che farsene di tutto quanto è immutabile: la parola *uccide*, tutto ciò che è immutabile *uccide*. Il concetto, l'*esperienza* «vita», la sola che egli conosca, si oppone, per lui, a ogni specie di parola, di formula, di legge, di credenza, di dogma. Egli parla semplicemente di quel che è più interiore: «vita» o «verità» o «luce»[27] è la sua parola per quanto è massimamente interiore – tutto il resto, l'intera realtà, l'intera natura, lo stesso linguaggio, ha per lui soltanto il valore di un segno, di un simbolo. – A questo punto non è assolutamente lecito sbagliare, per quanto grande sia la seduzione che è insita nel pregiudizio cristiano, voglio dire nel pregiudizio *ecclesiastico*: un siffatto simbolismo *par excellence* sta al di fuori di ogni religione, di ogni concetto di culto, di ogni storia, di ogni scienza naturale, di ogni esperienza mondana, di ogni conoscenza, di ogni politica, di ogni psicologia, di ogni libro, di ogni arte – il suo «sapere» è appunto la *pura follia* [28] riguardo al fatto *che* esista qualcosa del genere. La *cultura* non gli è nota neppure per sentito dire, non avverte la necessità di lottare contro di essa – egli non la nega . . . Lo stesso vale per lo *Stato*, per l'intero ordinamento e l'intera società civile, per il *lavoro*, per la guerra – egli non ha mai avuto una ragione per negare «il mondo», non ha mai presentito il concetto ecclesiastico del «mondo» . . . *Negare* è appunto per lui del tutto impossibile. – Così pure gli manca la dialettica, gli manca la rappresentazione del fatto che una fede, una «verità» potrebbe essere dimostrata mediante ragioni (le *sue* dimostrazioni sono «luci» interiori, sentimenti di piacere e autoaffermazioni interiori, nient'altro che «dimostrazioni della forza» –). Una tale dottrina non *può* neppure contraddire: essa non concepisce affatto che esistano, che *possano* esistere altre dottrine; non sa assolutamente immaginarsi una maniera opposta di giudicare . . . Quando si imbatterà in un'altra dottrina, essa la compassionerà dal profondo del cuore per la sua «cecità» – giacché è essa a vedere la «luce» –, ma non solleverà obiezioni . . .

33

In tutta quanta la psicologia del «Vangelo» manca la nozione di colpa e di castigo; come pure quella di ricompensa. Il «peccato», qualsiasi rapporto di distanza tra Dio e l'uomo è eliminato – *precisamente questa è la «buona novella»*. La beatitudine non viene promessa, non è associata a condizioni: essa è la *sola* realtà – il resto è segno per poter parlare di essa . . .
La *conseguenza* di un tale stato si proietta in una nuova *pratica* di vita; la pratica propriamente evangelica. Non è una «fede» a distinguere il cristiano: il cristiano

agisce, si distingue mediante un agire *diverso*. Nel senso cioè che egli non oppone alcuna resistenza né a parole e neppure nel suo cuore a colui che è malvagio verso di lui. Non fa differenza tra gli stranieri e la sua gente, tra Ebrei e non Ebrei («il prossimo» è propriamente il compagno di fede, l'Ebreo). Non va in collera contro nessuno, non tiene in dispregio nessuno. Non si fa vedere nei tribunali, né si lascia chiamare in giudizio («non giurare»). In nessun modo, neppure nel caso di una provata infedeltà della sua donna, si separa dalla sua donna. – Tutto ciò è in fondo un solo principio, discende da un solo istinto.[29]

La vita del redentore non è stata nient'altro che *questa* pratica – anche la sua morte non fu null'altro... Egli non aveva più bisogno di nessuna formula e di nessun rito per il suo commercio con Dio – e neppure della preghiera. Egli ha chiuso i conti con l'intera dottrina ebraica della penitenza e della conciliazione; egli sa che soltanto con la *pratica* della vita ci si può sentire «divini», «beati», «evangelici», «figli di Dio» in qualsiasi momento. *Non* la «penitenza», *non* la «preghiera per il perdono» sono le vie che conducono a Dio: *soltanto la pratica evangelica* porta a Dio, essa appunto è «Dio»! – Ciò che fu *liquidato* con l'Evangelo, fu l'ebraismo delle nozioni di «peccato», «remissione dei peccati», «fede», «redenzione mediante la fede» – l'intera dottrina *ecclesiastica* ebraica era negata nella «buona novella».

Il profondo istinto del modo come si deve *vivere* per sentirsi «in cielo», per sentirsi «eterni», mentre comportandosi in un qualsiasi altro modo *non* ci si sente per nulla «in cielo»: questa soltanto è la realtà psicologica della «redenzione». – Una nuova regola di vita, *non* una nuova fede...

34

Se mai ho compreso qualche cosa di questo grande simbolista, ciò consiste nel fatto che egli prese per realtà, per «verità» soltanto realtà *interiori* – e intese il resto, tutto ciò che riguarda la natura, il tempo, lo spazio, la storia, solo come segno, come occasione per allegorie. L'idea di «figlio dell'uomo»[30] non riguarda una persona concreta, che appartiene alla storia, qualcosa di singolare e di irripetibile, sibbene un fatto «eterno», un simbolo psicologico liberato dalla nozione di tempo. Lo stesso vale, ancora una volta e nel senso più alto, per il *Dio* di questo tipico simbolista, per il «regno di Dio», per il «regno dei cieli», per la «figliolanza d'Iddio». Niente è più anticristiano delle *grossolanità ecclesiastiche* di un Dio *persona*, di un «regno di Dio», che *sopraggiunge*, di un «regno dei cieli», *trascendente*, di un «figlio di Dio», la *seconda persona* della Trinità. Tutto questo è – mi si perdoni l'espressione – un *pugno* nell'occhio – oh, in che specie mai d'occhio! – dell'Evangelo; un *cinismo della storia mondiale* nella derisione del simbolo ... Eppure è senz'altro manifesto a che cosa ci si riferisce con la designazione di «padre» e «figlio» – anche se – lo ammetto – non è manifesto per chiunque: con la parola «figlio» è espresso l'*immergersi* nel sentimento di una trasfigurazione totale di ogni cosa (la beatitudine), con la parola «padre» *questo sentimento stesso*, il senso dell'eternità e della perfezione. – Provo vergogna a ricordare che cosa la Chiesa ha fatto di questo simbolismo: non ha forse posto una storia di Anfitrione sulla soglia della «fede» cristiana? E anche un dogma della «immacolata concezione»[31] per giunta? ... *Ma con ciò essa ha contaminato la concezione ...*

Il «regno dei cieli» è una condizione del cuore –

non qualcosa che giunge «oltre la terra» o «dopo la morte». *Manca* nel Vangelo l'intera nozione della morte naturale: la morte non è un ponte, un trapasso, essa viene a mancare perché appartiene a un mondo del tutto diverso, meramente apparente, utile soltanto per cogliere segni. L'«ora della morte» *non* è un concetto cristiano – l'«ora», il tempo, la vita fisica e le sue crisi non esistono affatto per il maestro della «lieta novella» . . . Il «regno di Dio» non è qualcosa che si attende: non ha un ieri e un dopodomani, non giunge tra «mille anni»[32] – è l'esperienza di un cuore; esiste ovunque e in nessun luogo . . .

35

Questo «lieto messaggero» morì come visse, come *aveva insegnato* – *non* per «redimere gli uomini», ma per indicare come si deve vivere. La *pratica della vita* è ciò che egli ha lasciato in eredità agli uomini: il suo contegno dinanzi ai giudici, agli sgherri, agli accusatori e a ogni specie di calunnia e di scherno – il suo contegno sulla *croce*. Egli non resiste, non difende il suo diritto, non fa un passo per allontanare da sé il punto estremo, fa anzi qualcosa di più, *lo provoca* . . . E prega, soffre, ama *con* loro, *in* coloro che gli fanno del male . . . Le parole rivolte al *ladrone* sulla croce racchiudono in sé l'intero Vangelo. «Questi in verità è stato un uomo *divino*, un 'figlio d'Iddio'!» – dice il ladrone. «Se tu lo senti» – risponde il redentore – «*tu sei in paradiso*, anche tu sei un figlio d'Iddio . . .».[33] *Non* difendersi, *non* sdegnarsi, *non* attribuire responsabilità . . . Ma neppure resistere al malvagio – *amarlo* . . .

36

– Soltanto noi, noi spiriti *divenuti liberi*, abbiamo i presupposti per comprendere qualcosa che diciannove secoli hanno frainteso – quell'onestà divenuta istinto e passione che fa guerra alla «santa menzogna» ancor più che ad ogni altra menzogna . . . Si è stati infinitamente lontani dalla nostra neutralità amorevole e cauta, da quella disciplina dello spirito con cui soltanto è possibile decifrare cose tanto nuove, tanto delicate: in ogni tempo si è voluto, con uno spudorato egoismo, trovare in esse esclusivamente il *proprio* vantaggio, si è costruita la *Chiesa* in contrasto col Vangelo . . .[34] Chi cercasse testimonianza del fatto che dietro il grande giuoco del mondo un'ironica divinità muove le dita, troverebbe un non piccolo appoggio in quell'*enorme punto interrogativo* che prende il nome di cristianesimo. Che l'umanità sia prostrata in ginocchio dinanzi all'opposto di ciò che era l'origine, il senso, il *diritto* del Vangelo, che essa abbia nel concetto di «Chiesa» consacrato esattamente ciò che la «lieta novella» sente *sotto* di sé, *dietro* di sé – sarebbe inutile cercare una forma più grande di *ironia della storia mondiale*. – –

37

– La nostra epoca va superba del suo senso storico: come le è riuscito rendersi credibile l'assurdità che al principio del cristianesimo sia la *grossolana favola di un taumaturgo e di un redentore* – e che tutto l'aspetto spirituale e simbolico sia soltanto una più tarda evoluzione? Al contrario, la storia del cristianesimo – a cominciare, cioè, dalla morte sulla croce – è la storia del fraintendimento, divenuto gradatamente sempre più grossolano, di un simbolismo *originario*. Con ogni propagazione del cristianesimo in masse ancor più larghe, ancor più rozze, alle quali mancavano sempre più i presupposti da cui esso era nato, si rese maggiormente necessario *volgarizzare*, *imbarbarire* il cristianesimo – esso ha ingurgitato le dottrine e i riti di tutti i culti *sotterranei* dell'*imperium romanum*, l'assurdità di ogni sorta di ragione malata. Il destino del cristianesimo sta nella necessità che la sua stessa fede dovesse diventare tanto malata, tanto abietta e volgare, quanto malati, abietti e volgari erano i bisogni che con essa dovevano essere appagati. La *barbarie malata* ascese infine a potenza come Chiesa – la Chiesa, questa forma d'inimicizia mortale per ogni onestà, per ogni *altezza* dell'anima, per ogni disciplina dello spirito, per ogni schietta e indulgente umanità. – I valori *cristiani* – i valori *nobili*: siamo stati i soli, noi spiriti *divenuti liberi*, ad aver ripristinato questa contrapposizione di valori, la più grande che esista! – –

38

– A questo punto non riesco a trattenere un sospiro. Ci sono giorni in cui mi affligge un sentimento, più nero della più nera melanconia – il *disprezzo per gli uomini*. E per non lasciar alcun dubbio su *ciò che* io disprezzo, su *chi* io disprezzo: è l'uomo di oggi, l'uomo di cui io sono fatalmente contemporaneo. L'uomo di oggi – io soffoco del suo impuro respiro . . . Verso il passato, al pari di tutti gli uomini della conoscenza, sono di una grande tolleranza, vale a dire riesco a dominare *generosamente* me stesso: con una cupa cautela io attraverso il mondo da manicomio di interi millenni, si chiami esso «cristianesimo», «fede cristiana», «Chiesa cristiana» – mi guardo bene dall'addossare all'umanità la responsabilità delle sue malattie mentali. Ma il mio sentimento si rivolta, erompe, non appena entro nell'età moderna, nell'età *nostra.* Il nostro tempo *sa* . . . Quel che una volta era soltanto malato, oggi è divenuto indecoroso – è indecoroso essere oggi cristiani. *E qui ha inizio la mia nausea.* – Mi guardo attorno: non è più rimasta una parola di ciò che una volta era detto «verità», non sopportiamo più che un prete anche soltanto pronunci la parola «verità». Persino se si ha per l'onestà la più modesta pretesa, si *deve* oggi sapere che un teologo, un prete, un papa non soltanto errano, ma *mentono* in ogni frase che sia da essi proferita – ed essi non sono più liberi di mentire per «innocenza», per «ignoranza». Anche il prete sa, come lo sanno tutti, che non esiste più alcun «Dio», alcun «peccatore», alcun «redentore», – che «libera volontà» e «ordinamento etico del mondo» sono *menzogne* – la serietà, il profondo autosuperamento dello spirito non *permettono* più a nessuno di *non* saper nulla al riguardo . . . *Tutti* i concetti della Chiesa sono riconosciuti per quello che sono, come la più maligna falsificazione di monete che esista, mirante a *invilire* la natura, i valori della natura; il prete stesso è riconosciuto per quello che è, per la più pericolosa specie di parassita, per il vero ragno velenoso della vita . . . Noi sappiamo, la nostra *coscienza* oggi sa –, *quale* valore abbiano in generale quelle sinistre invenzioni dei preti e della Chiesa, *a che cosa esse sono servite*; con esse è stato raggiunto quello stato di autodiffamazione dell'umanità che può destare la nausea allo spettacolo di essa – i concetti di «al di là», di «giudizio finale», d'«immortalità dell'anima», quello stesso di «anima» sono strumenti di tortura, sono sistemi di crudeltà, in virtù dei quali il prete diventò padrone, restò padrone . . . Ognuno lo sa: *e ciononostante tutto permane nell'antico stato.* Dove se n'è andato l'ultimo senso di decoro, di rispetto di fronte a se stessi, se perfino i nostri statisti,[35] una specie di uomini del resto assolutamente priva di scrupoli e anticristiani da capo a piedi nell'agire, si fanno ancor oggi chiamare cristiani e prendono la comunione?... Un giovane[36] principe, in testa al suo reggimento, magnifica espressione dell'egoismo e dell'orgoglio del suo popolo – che, *senza* alcuna vergogna, si professa cristiano! . . . *Chi* è allora che il cristianesimo nega? *Che cosa* significa «mondo»? Essere soldati, giudici, patrioti; difendersi; essere gelosi del proprio onore; volere l'utile proprio; essere *fieri* . . . Ogni prassi di qualsiasi momento, ogni istinto, ogni valutazione trasformantesi in *azione* sono oggi anticristiani: che specie mai di *aborto di falsità* deve essere l'uomo moderno, per *non vergognarsi*, a onta di tutto ciò, di chiamarsi ancora cristiano! – – –

39

Mi rifaccio indietro, racconto la storia *autentica* del cristianesimo. – Già la parola «cristianesimo» è un equivoco –, in fondo è esistito un solo cristiano e questi morì sulla croce. Il «Vangelo» *morì* sulla croce. Ciò che a cominciare da quel momento è chiamato «Vangelo», era già l'antitesi di quel che *lui* aveva vissuto: una «*cattiva* novella», un *Dysangelium*. È falso sino all'assurdo vedere in una «fede», per esempio nella fede della redenzione per mezzo di Cristo, il segno distintivo del cristiano: soltanto la pratica cristiana, una vita come la *visse* colui che morì sulla croce, soltanto questo è cristiano . . . Ancor oggi una *tale* vita è possibile, per *certi* uomini è persino necessaria: l'autentico, originario cristianesimo sarà possibile in tutti i tempi... *Non* una credenza, sibbene un fare, soprattutto un *non*-fare-molte-cose, un diverso *essere* . . . Gli stati di coscienza, a esempio una qualsiasi fede, un tener-per-vero – è noto a ogni psicologo – sono per l'appunto perfettamente indifferenti e di quint'ordine in confronto al valore degli istinti: con espressione più rigorosa, l'intera nozione di causalità intellettuale è falsa. Ridurre l'essere-cristiani, la cristianità a un tener-per-vero, a un mero fenomenismo della coscienza, significa negare la cristianità. *In realtà non sono esistiti affatto dei cristiani*. Il «cristiano», quel che da due millenni è chiamato cristiano, non è null'altro che un autofraintendimento psicologico. Se lo si considera con maggior esattezza, in quello dominavano, *a onta* di ogni «fede», *semplicemente* gli istinti – e che *specie d'istinti*! – La «fede» fu in tutti i tempi, per esempio in Lutero, soltanto un mantello, un pretesto, un *sipario*, dietro il quale gli istinti facevano il loro giuoco –, un'accorta *cecità* sulla supremazia di *certi* istinti ... La «fede» – ebbi già a definirla la caratteristica *accortezza* cristiana, – si è parlato sempre di «fede», si è *agito* sempre unicamente sulla base dell'istinto ... Nel mondo rappresentativo del cristiano non appare nulla che anche soltanto abbia sfiorato la realtà: al contrario, nell'odio istintivo *contro* ogni realtà abbiamo riconosciuto l'elemento propulsivo, l'unico elemento propulsivo che è alla radice del cristianesimo. Che cosa ne consegue? Che anche *in psychologicis* l'errore è qui radicale, cioè essenzialmente determinante, cioè *sostanza*. Si tolga qui *un solo* concetto, si metta al suo posto un'unica realtà – e l'intero cristianesimo rotolerà nel nulla! – Visto dall'alto, questo stranissimo tra tutti i fatti, una religione non soltanto condizionata da errori, bensì ingegnosa e persino geniale *soltanto* in errori nocivi, *soltanto* in errori che intossicano la vita e il cuore, resta uno *spettacolo per gli dèi* – per quelle divinità che sono al tempo stesso filosofi, e che io ho, per esempio, incontrato in quei famosi dialoghi di Nasso.[37] Nell'istante in cui la *nausea* si allontana da esse (– *e* da noi), diventano grate dello spettacolo offerto dai cristiani: quel miserabile piccolo astro che si chiama terra merita forse soltanto a causa di *questo* curioso caso uno sguardo divino, una divina partecipazione . . . In altre parole non sottovalutiamo il cristiano: il cristiano, falso *sino all'innocenza*, è di gran lunga superiore alla scimmia – relativamente ai cristiani una nota teoria sulla discendenza diventa una semplice cortesia . . .

40

– La sorte del Vangelo fu decisa con la morte – restò sospesa alla «croce» . . . Soltanto la morte, questa morte inattesa e obbrobriosa, soltanto la croce, che in generale era riserbata esclusivamente alla canaglia – soltanto questo atrocissimo paradosso portò i discepoli di fronte al vero enigma: «*chi era costui? che significava tutto questo?*». – Il sentimento scosso e offeso nel più profondo, il sospetto che una simile morte potesse essere la *confutazione* della sua causa, il tremendo punto interrogativo «perché proprio così?» – questo stato d'animo si comprende fin troppo bene. In lui tutto *doveva* essere necessario, tutto doveva avere un senso, una ragione, una suprema ragione: l'amore di un discepolo non conosce il caso. Soltanto allora si spalancò l'abisso: «*chi* lo ha ucciso? *chi* era il suo naturale nemico?» – questa domanda eruppe come un fulmine. Risposta: l'ebraismo *dominante*, la sua classe più elevata. Da questo momento ci si sentì in rivolta *contro* l'ordine, più tardi si vide in Gesù un *ribelle contro l'ordine*. Fino ad allora *era mancato* alla sua immagine questo tratto bellicoso, questo tratto negatore nella parola e nell'azione: di più ancora, esso ne era la sua stessa contraddizione. La piccola comunità *non* ha evidentemente compreso proprio la cosa principale, quel che v'era di esemplare in questa maniera di morire, la libertà, la superiorità *su* ogni sentimento di *ressentiment*: – un indice, questo, di quanto poco essa comprese di lui! In sé, con la sua morte, Gesù non poté volere null'altro, se non dare pubblicamente la prova più forte, la *dimostrazione* della sua dottrina . . . Ma i suoi discepoli erano lontani dal *perdonare* questa morte – il che sarebbe stato evangelico nel più alto senso; o dall'*offrirsi* a una simile morte addirittura con una mite e soave placidità nel cuore . . . Tornò nuovamente a galla proprio il sentimento meno evangelico, la *vendetta*. Impossibile che la faccenda potesse concludersi con questa morte: si aveva bisogno di una «riparazione», di un «giudizio» (– eppure che altro può essere meno evangelico della «ritorsione», del «castigo», del «sottoporre a giudizio»?). Ancora una volta venne in primo piano l'attesa popolare di un messia; si prese di mira un momento storico: il «regno di Dio» viene per giudicare i suoi nemici . . . Ma con ciò si è frainteso tutto: il «regno di Dio» come atto conclusivo, come promessa! Eppure il Vangelo era stato proprio l'esistenza, l'adempimento, la *realtà* di questo «regno». Proprio una tale morte *era* appunto questo «regno di Dio». In quel preciso momento vennero trasferiti nel tipo del maestro tutto il disprezzo e l'acredine contro i farisei e i teologi – e con ciò si *fece* di lui un fariseo e un teologo! D'altro canto la venerazione, divenuta furibonda, di queste anime del tutto uscite di senno non sopportò più quella eguaglianza evangelica di ognuno di fronte al figlio di Dio, che Gesù aveva insegnato; la loro vendetta fu di *innalzare* Gesù in una maniera aberrante, di distaccarlo da loro: proprio allo stesso modo con cui una volta gli Ebrei, per vendicarsi dei loro nemici, avevano separato da sé il loro Dio e lo avevano portato in alto. Il Dio unico e il figlio unico di Dio: entrambi prodotti del *ressentiment* . . .

41

– Fu da allora che emerse un assurdo problema: «come *poté* Dio permettere questo!». A questo la turbata ragione della piccola comunità trovò una risposta di un'assurdità addirittura spaventosa: Dio dette suo figlio per la remissione dei peccati, come *vittima*. Fu di punto in bianco la fine del Vangelo! Il *sacrificio espiatorio*, e proprio nella sua forma più ripugnante e più barbara, il sacrificio dell'*innocente* per i peccati dei rei! Quale raccapricciante paganesimo! – Gesù aveva abolito precisamente la nozione di «colpa» – egli ha negato ogni frattura tra Dio e uomo, *ha vissuto* questa unità di Dio e uomo come la *sua* «lieta novella» . . . E *non* come privilegio! – A cominciare da allora entrarono gradatamente nel tipo del redentore: la dottrina del giudizio e del ritorno, la dottrina della morte come di una morte sacrificale, la dottrina della *resurrezione*, con cui viene tolto di mezzo l'intero concetto di «beatitudine», l'intera e unica realtà del Vangelo, – a vantaggio di uno stato *successivo* alla morte! . . . Paolo ha logicizzato questa concezione, questa *oscenità* di concezione con quella improntitudine di rabbino che lo contraddistingue in tutto e per tutto, fino a dire: «*Se* Cristo non è risorto dai morti, la nostra fede è vana».[38] – E di colpo si fece del Vangelo la più spregevole di tutte le irrealizzabili promesse, la *spudorata* dottrina dell'immortalità personale . . . Lo stesso Paolo la insegnava anche come *premio*! . . .

42

Si vede *che cosa* ha trovato termine con la morte sulla croce: un nuovo avvio, assolutamente originario, a un pacifico movimento buddhistico, a una effettiva, e *non* semplicemente promessa, *felicità sulla terra.* Questa infatti – l'ho già messo in evidenza – resta la differenza fondamentale tra le due religioni della *décadence*: il buddhismo non promette, ma mantiene, il cristianesimo promette tutto, ma *non mantiene nulla.* – Alla «buona novella» seguì immediatamente la *peggiore tra tutte*: quella di Paolo. In Paolo si incarna il tipo antitetico alla «buona novella», il genio nell'odio, nella visione dell'odio, nella spietata logica dell'odio. *Che cosa* non ha sacrificato all'odio questo disangelista?[39] Innanzitutto il redentore: lo inchiodò alla *sua* croce. La vita, l'esempio, la dottrina, la morte, il senso e il diritto dell'intero Vangelo – nulla di tutto ciò esistette più quando questo falsario comprese, per odio, unicamente ciò di cui lui poteva aver bisogno. *Non* la realtà, *non* la verità storica . . . E ancora una volta l'istinto sacerdotale degli Ebrei perpetrò un identico, grande delitto contro la storia – egli cancellò, né più né meno, lo ieri, l'avant'ieri del cristianesimo, *inventò per sé una storia del primo cristianesimo.* E più ancora, falsificò di nuovo la storia d'Israele, affinché apparisse come la preistoria della *sua* azione: tutti i profeti hanno parlato del *suo* «redentore» . . . La Chiesa falsificò, più tardi, persino la storia dell'umanità facendone la preistoria del cristianesimo . . . Il tipo del redentore, la dottrina, la pratica della vita, la morte, il significato della morte, persino quel che seguirà alla morte – nulla restò intoccato, nulla mantenne anche una piccola somiglianza con la realtà. Paolo non fece che trasferire il centro di gravità di tutta quell'esistenza *dietro* questa esistenza – nella *menzogna* del Gesù «risuscitato». Egli non poteva, in fondo, aver bisogno della vita del redentore – gli occorreva la morte sulla croce e qualcos'altro ancora ... Ritenere sincero un Paolo, che aveva la sua patria nella sede principale dell'illuminismo stoico, quando con una allucinazione egli si rabbercia la *prova* della vita *ulteriore* del redentore, oppure prestar fede anche soltanto al suo racconto, secondo il quale avrebbe avuto lui stesso questa allucinazione, sarebbe una vera *niaiserie* da parte di uno psicologo: Paolo voleva il fine, *di conseguenza* volle anche i mezzi ... Quel che lui stesso non credeva, gli idioti, tra cui egli gettò la *sua* dottrina, lo credettero. – Il *suo* bisogno era la *potenza*: con Paolo, il sacerdote volle ancora una volta pervenire alla potenza – potevano servirgli soltanto quei concetti, quelle dottrine e quei simboli, con cui si tiranneggiano masse, si formano mandrie. *Quale* fu l'unica *cosa* che più tardi Maometto prese a prestito dal cristianesimo? L'invenzione di Paolo, il suo mezzo per realizzare la tirannide dei sacerdoti, per formare delle mandrie: la fede nell'immortalità – *vale a dire la dottrina del «giudizio»* ...

43

Se si trasferisce il centro di gravità della vita *non* nella vita, ma nell'«al di là» – *nel nulla* – si è tolto il centro di gravità alla vita in generale. La grande menzogna dell'immortalità personale distrugge ogni ragione, ogni natura nell'istinto – tutto quanto negli istinti è benefico, promotore di vita, mallevadore dell'avvenire, desta ormai diffidenza. Vivere *in modo* che non ha più senso alcuno vivere, *questo* diventa ora il «senso» della vita ... A che scopo uno spirito comunitario, a che scopo serbare ancora gratitudine alla stirpe e agli antenati, a che scopo collaborare, confidare, promuovere e avere di mira un qualsivoglia bene comune? . . . Sono altrettante «tentazioni», altrettante deviazioni dalla «retta via» – «urge *una sola cosa*». . .[40] Che ognuno, in quanto «anima immortale», sia allo stesso livello di ogni altro, che nell'insieme di tutti gli esseri la «salvezza» di *ogni* individuo possa rivendicare un'importanza eterna, che piccoli baciapile, e mentecatti per tre quarti, possano immaginarsi che a cagion loro le leggi della natura vengono costantemente *infrante* – un siffatto accrescimento all'infinito, spinto fino all'*improntitudine*, d'ogni sorta d'egoismo non potrà mai essere bollato con sufficiente disprezzo. E tuttavia il cristianesimo deve la sua *vittoria* a *questa* miserabile adulazione della vanità personale – in tal modo esso ha attratto a sé precisamente tutti i falliti, tutti coloro che covano la rivolta, tutti coloro che se la sono cavata male, l'intera feccia e schiuma dell'umanità. La «salvezza dell'anima» – significa: «intorno a *me* ruota il mondo» . . . Il veleno della dottrina dei «diritti *uguali* per tutti» – è stato diffuso dal cristianesimo nel modo più sistematico; procedendo dagli angoli più segreti degli istinti cattivi, il cristianesimo ha fatto una guerra mortale ad ogni senso di venerazione e di distanza fra uomo e uomo, cioè al *presupposto* di ogni elevazione, di ogni sviluppo della cultura – con il risentimento delle masse si è fabbricato la sua *arma principale* contro di *noi*, contro tutto quanto v'è di nobile, di lieto, di magnanimo sulla terra, contro la nostra felicità sulla terra . . . Concedere l'«immortalità» a ogni Pietro e Paolo, è stato fino a oggi il più grande e il più maligno attentato all'umanità *nobile*. – *E* non sottovalutiamo la sorte funesta che dal cristianesimo si è insinuata fin nella politica! Nessuno oggi ha più il coraggio di vantare diritti particolari, diritti di supremazia, un sentimento di rispetto dinanzi a sé e ai suoi pari – un *pathos della distanza* . . . La nostra politica è *malata* di questa mancanza di coraggio! – L'aristocraticità del modo di sentire venne scalzata dalle più sotterranee fondamenta mercé questa menzogna dell'eguaglianza delle anime; e se la credenza nel «privilegio del maggior numero» fa e *farà* rivoluzioni, – è il cristianesimo, non dubitiamone, sono gli apprezzamenti *cristiani* di valore quel che ogni rivoluzione ha semplicemente tradotto nel sangue e nel crimine! Il cristianesimo è una rivolta di tutto quanto striscia sul terreno contro ciò che possiede un'*altezza*: il Vangelo degli «umili» *rende* umili e bassi . . .

44

– I Vangeli sono inestimabili come testimonianza della corruzione, già intollerabile, esistente all'*interno* delle prime comunità. Quel che più tardi Paolo condusse a termine con il cinismo logico di un rabbino non fu tuttavia che un processo di decadenza il quale era già iniziato con la morte del redentore. – Non si leggeranno mai con una sufficiente cautela questi Vangeli: dietro ogni parola essi hanno le loro difficoltà. Confesso, e mi si vorrà perdonare ciò, che appunto per questo essi costituiscono, per uno psicologo, un diletto di prim'ordine, – in quanto l'*opposto* di una corruzione ingenua, in quanto raffinatezza *par excellence*, un'artistica vocazione nella corruzione psicologica. I Vangeli stanno a sé. In genere la Bibbia non tollera confronti. Si è tra Ebrei: *primo* angolo visuale per non perdere completamente il filo. La dissimulazione, divenuta qui addirittura genio, di se stessi nel «sacro», – altrove, nei libri e tra gli uomini, mai se non approssimativamente raggiunta, – questa coniazione falsa di parole e di gesti elevata ad *arte*, non discende casualmente da una qualche attitudine individuale, da una qualche natura d'eccezione. Per queste cose ci vuole *razza*. Nel cristianesimo, come arte di mentire santamente, l'intero ebraismo, una millenaria propedeutica e tecnica giudaica quanto mai seria, attinge la sua estrema maestria. Il cristiano, questa *ultima ratio* della menzogna, è ancora una volta, e persino *tre volte* – l'ebreo ... – La sistematica volontà di usare soltanto quei concetti, quei simboli, quegli atteggiamenti, che sono comprovati dalla prassi sacerdotale, l'istintivo rifiuto di ogni *altra* prassi, di ogni *altra* specie di prospettiva di valore e di utilità – questo non è soltanto tradizione, è *eredità*: soltanto in quanto eredità agisce come natura. L'intera umanità, perfino le teste migliori delle migliori epoche (con la sola eccezione di un uomo che forse è semplicemente un mostro –) si sono lasciate ingannare. Si è letto il Vangelo come *libro dell'innocenza* ... non un piccolo cenno alla maestria con cui sono state recitate le varie parti. – Indubbiamente, se ci accadesse di *vederli*, anche soltanto di sfuggita, tutti questi prodigiosi baciapile e santi artefatti, sarebbe la fine – e per la precisa ragione che *io* non leggo una parola senza vedere al tempo stesso un gran gestire, *io l'ho fatta finita con loro* ... Non sopporto, in loro, quel certo modo di alzare gli occhi. – Fortunatamente quei libri sono per i più nient'altro che *letteratura* ... Non ci si deve lasciar trarre in inganno: «Non giudicate!»[41] loro dicono, ma spediscono all'inferno tutti quelli che intralciano a essi il cammino. Facendo giudicare Dio, giudicano essi stessi; glorificando Dio, glorificano se stessi; *esigendo* le virtù di cui essi precisamente sono capaci – e più ancora, di cui essi hanno necessità per avere sempre il sopravvento, – fanno grande mostra di lottare per la virtù, di battagliare per la supremazia della virtù. «Noi viviamo, moriamo, ci sacrifichiamo *per il bene*» (– «la verità», «la luce», il «regno di Dio»): in verità essi fanno quel che non possono tralasciare. Mentre si barcamenano con aria sorniona, se ne stanno rincantucciati e traggon la vita come ombre nell'ombra, si fanno di tutto ciò un *dovere*: un dovere appare la loro vita di umiltà e come umiltà essa è una prova ulteriore di devozione... Ah, questa umile, casta, misericordiosa specie di falsità! «La virtù stessa deve fare testimonianza di noi»...[42] Si leggano i Vangeli come libri della seduzione con la *morale*: la morale viene messa sotto sequestro da questa gentucola – essi sanno quale sia l'importanza della morale! Con la morale l'umanità è *menata per il naso* nel modo migliore! – La realtà è che qui la più cosciente *boria di eletti* recita la commedia della modestia: una volta per tutte si è messo da una parte, quella della «verità», se stessi, la «comunità», i «buoni e giusti» – e dall'altra il resto, il «mondo»... *Questa* è stata la più funesta specie di delirio di grandezza che sia mai esistita fino a oggi sulla terra: piccoli aborti di baciapile e di mentitori cominciarono ad arrogarsi l'idea di «Dio», di «verità», di «luce», di «spirito», di «amore», di «sapienza», di «vita», quasi fossero sinonimi di se stessi, per delimitare in tal modo il «mondo» nei loro riguardi; piccoli esseri superlativamente ebrei, maturi per ogni tipo di manicomio, rivoltarono i valori in direzione di *se stessi*, come se soltanto il «cristiano» fosse il senso, il sale, la misura e anche il *giudizio finale* di tutto il resto... Tutta questa triste fatalità fu resa possibile dal solo fatto che esisteva già nel mondo una specie affine, affine per razza, di delirio di grandezza, quello *ebraico*: non appena si spalancò l'abisso tra Ebrei ed ebreo-cristiani, non restò a questi ultimi alcun'altra scelta che impiegare *contro* gli Ebrei gli stessi sistemi di autoconservazione che l'istinto ebraico suggeriva; mentre fino ad allora gli Ebrei li avevano impiegati soltanto contro tutto quanto era *non* ebreo. Il cristiano non è nient'altro che un ebreo di confessione «più libera». –

45[43]

– Ecco alcuni saggi di quel che si è messa in testa questa gente dappoco, di quel che essa *ha messo in bocca* al suo maestro: pure e semplici confessioni di «anime belle». –

«E se vi fossero uomini che non vi vogliono ricevere né ascoltare, partitevi da essi e scuotete la polvere dai vostri piedi, affinché ciò vada a testimonianza di loro. Io vi dico: in verità a Sodoma e Gomorra nel giudizio finale toccherà una sorte più sopportabile che a questa città» (*Marco* 6, 11). – Quanto è *evangelico*! . . .

«E se qualcuno recasse scandalo a uno di questi piccoli che credono in me, meglio sarebbe per lui che gli fosse appesa al collo una pietra da macina e venisse gettato in mare» (*Marco* 9, 42). – Quanto è *evangelico*! . . .

«Se il tuo occhio ti reca molestia, strappalo da te. È meglio per te entrare monocolo nel regno di Dio, che avere due occhi ed essere gettato nel fuoco dell'inferno; qui il loro verme non muore e il loro fuoco non si estingue» (*Marco* 9, 47). – Non è proprio all'occhio che si pensa . . .

«In verità vi dico, ci sono qui alcuni che non gusteranno la morte prima di vedere realizzato il regno di Dio» (*Marco* 9, 1). – *Bella menzogna*, leone . . .[44]

«Chi mi vuol seguire rinneghi se stesso e prenda la sua croce sopra di sé e mi segua. *Perché* . . .» (*Nota di uno psicologo*. La morale cristiana è confutata dai suoi *per-*

ché: le sue «ragioni» confutano – questo è cristiano). (*Marco* 8, 34). –
«Non giudicate, *acciocché* non siate giudicati. Con la misura con cui misurate, sarete misurati *voi* stessi» (*Matteo* 7, 1). – Che concetto di giustizia, di un giudice «giusto»! . . .
«Giacché se voi amate quelli che vi amano, *quale specie di ricompensa avrete*? Non fanno lo stesso anche i pubblicani? E se vi comportate amorevolmente soltanto con i vostri fratelli, *che cosa fate di speciale*? Non fanno così anche i pubblicani?» (*Matteo* 5, 46). – Principio dell'«amore cristiano»: in definitiva esso vuole esser *pagato* bene . . .
«Giacché se *voi*[45] non perdonate agli uomini le loro mancanze, neppure voi il Padre vostro nei cieli perdonerà»[46] (*Matteo* 6, 15). – Molto compromettente per il detto «padre» . . .
«Mirate in primo luogo al regno d'Iddio e alla sua giustizia, e vi saranno date tutte queste cose» (‹*Matteo* 6, 33›). Tutte queste cose: cioè nutrimento, vestiti, tutte quante le prime necessità della vita. Un *errore*, per esprimerci moderatamente. Subito dopo Dio appare in qualità di sarto,[47] almeno in certi casi . . .
«Rallegratevi dunque e saltate: *imperocché* ecco, grande è la vostra ricompensa in cielo. Lo stesso fecero i loro padri ai profeti» (‹*Luca* 6, 23›). *Spudorata* marmaglia! Già si paragonano ai profeti . . .
«Ignorate forse che voi siete il tempio d'Iddio e che lo spirito d'Iddio abita in voi? Se qualcuno distruggerà il tempio di Dio, *Dio distruggerà lui*: poiché il tempio di Dio è sacro, *e voi siete questo tempio*.» (Paolo 1 *Corinzi* 3, 16). – Cose del genere non si possono disprezzare abbastanza . . .
«Ignorate forse che i santi giudicheranno il mondo? E se il mondo deve ‹essere› giudicato da *voi*: non siete

voi abbastanza capaci di giudicare cose di minor conto?» (Paolo 1 *Corinzi* 6, 2). – Questo purtroppo non è soltanto il discorso di un mentecatto . . . Questo *spaventoso truffatore* continua testualmente così: «Ignorate forse che *noi* giudicheremo gli angeli? Quanto più, allora, giudicheremo i beni temporali!».
«Non ha Dio mutato in follia la saggezza di questo mondo? Poiché, mentre il mondo con la sua sapienza non ha riconosciuto Dio nella sua sapienza, è piaciuto a Dio di rendere beati, con una insensata predicazione, coloro che vi credono . . . Non molti sapienti secondo la carne, né molti violenti, né molti nobili sono chiamati. Ma colui che per il mondo è insensato, *Dio l'ha scelto* per confondere i sapienti; e colui che per il mondo è debole, Dio l'ha scelto per confondere chi è forte; e colui che per il mondo è ignobile e spregevole, Dio lo ha scelto; e colui che qui è nulla, per confondere chi è qualcosa. Acciocché dinanzi a Lui nessuna carne meni vanto di sé» (Paolo 1 *Corinzi* 1, 20 sgg.). – Per *comprendere* questo passo, una testimonianza di primissimo ordine per la psicologia di ogni morale da Ciandala, si legga il primo saggio della mia *Genealogia della morale*: in esso è stato messo per la prima volta in luce il contrasto tra una morale *aristocratica* e una morale da Ciandala, nata dal risentimento e una impotente vendetta. Paolo è stato il più grande tra tutti gli apostoli della vendetta . . .

46

– *Che ne consegue?* Che si fa bene a mettere i guanti quando si legge il Nuovo Testamento. La vicinanza di tanta sozzura quasi vi ci costringe. Non sceglieremmo la compagnia dei «primi cristiani» come neppure di ebrei polacchi: non che si senta la necessità anche di una sola obiezione contro di loro . . . Sia gli uni che gli altri non mandano un buon odore. – Inutilmente sono andato in cerca, nel Nuovo Testamento, sia pure di un solo tratto simpatico: non v'è nulla, in esso, che sia libero, affabile, schietto, onesto. Qui le qualità umane non hanno ancora avuto il loro primo inizio – mancano gli istinti della *pulizia* . . . Ci sono nel Nuovo Testamento soltanto istinti *cattivi*, non esiste neppure il coraggio di questi cattivi istinti. Tutto in esso è viltà, è tutto un chiudere gli occhi e un ingannare se stessi. Ogni altro libro diventa pulito, quando appunto si è letto il Nuovo Testamento: per dare un esempio, mi deliziai nel leggere, subito dopo Paolo, quel graziosissimo e tracotantissimo schernitore che fu Petronio, di cui si potrebbe dire quel che Domenico Boccaccio scrisse di Cesare Borgia al duca di Parma: «è tutto festo»[48] – una salute immortale, una immortale serenità, una natura ben riuscita . . . Difatti questi piccoli baciapile sbagliano nella cosa principale. Essi attaccano, ma tutto quel che subisce i loro attacchi è per ciò stesso *eccellente*. Colui che è attaccato da uno dei «primi cristiani», *non* resta insozzato . . . Viceversa è un onore avere contro di sé i «primi cristiani». Non si può leggere il Nuovo Testamento senza una predilezione per quel che in esso viene maltrattato – per non parlare della «sapienza di questo mondo», che un insolente fanfarone cerca invano di confondere «mediante una predicazione insensata» . . . Sinanche i farisei e gli scribi sono avvantaggiati da avversari di tal fatta: essi devono avere avuto un qualche valore per essere odiati in una maniera così indecorosa. Ipocrisia – sarebbe questo un rimprovero che i «primi cristiani» *avrebbero diritto* di muovere? – In fondo si trattava di *privilegiati*: questo basta, l'odio dei Ciandala non ha bisogno d'alcun altro motivo. Il «primo cristiano»

– e temo anche l'«ultimo cristiano», che io *forse arriverò a conoscere* – è per profondissimo istinto un ribelle contro tutto quanto è privilegiato – egli vive, combatte sempre per «diritti *uguali*» . . . A ben guardare, egli non ha scelta. Se si vuole essere, per la propria persona, un «eletto di Dio» – o un «tempio di Dio», o un «giudice degli angeli» –, ogni *altro* principio di elezione, per esempio basato sull'onestà, sullo spirito, sulla virilità e sull'orgoglio, sulla bellezza e la libertà dell'animo, è semplicemente «mondo» – *il male in sé* . . . Morale: ogni parola sulla bocca di un «primo cristiano» è una menzogna; ogni azione da lui compiuta è una istintiva falsità – tutti i suoi valori, tutte le sue mete sono dannosi, ma *colui che* lui odia, *quel che* lui odia, *ha valore* . . . Il cristiano, particolarmente il prete-cristiano, è un *criterio di valori* . . . Devo forse aggiungere che in tutto il Nuovo Testamento c'è soltanto un'*unica* figura degna di essere onorata? Pilato, il governatore romano. Prendere *sul serio* un affare tra Ebrei – è una cosa di cui non riesce a convincersi. Un ebreo di più o di meno – che importa? . . . Il nobile sarcasmo di un romano, dinanzi al quale si sta facendo un vergognoso abuso della parola «verità», ha arricchito il Nuovo Testamento dell'unica parola *che abbia un valore* – la quale è la sua critica, persino il suo *annullamento*: «che cos'è verità?» . . .

47

– Quel che *ci* divide non sta nel fatto che non ritroviamo Dio né nella storia, né nella natura e neppure dietro la natura – bensì nella circostanza che noi sentiamo quel che viene venerato come Dio, non come «divino», ma come miserabile, assurdo, dannoso, non soltanto come errore, ma come *delitto contro la vita* . . . Noi neghiamo

Dio in quanto Dio ... Se questo Dio dei cristiani ci *venisse dimostrato*, sapremmo ancor meno credere in lui. – In una formula: *deus, qualem Paulus creavit, dei negatio.* – Una religione, come il cristianesimo, che non si trova a contatto con la realtà in nessun punto, e che crolla non appena la realtà anche soltanto in un punto afferma il suo diritto, deve logicamente essere nemica mortale della «sapienza del mondo», voglio dire della *scienza* – essa approverà tutti i mezzi con cui può essere avvelenata, calunniata, *screditata* la disciplina dello spirito, la purezza e il rigore nelle questioni di coscienza dello spirito, la nobile freddezza e libertà dello spirito. La «fede» come imperativo è il *veto* contro la scienza – *in praxi* la menzogna a qualsiasi costo ... Paolo *comprese* che la menzogna – «la fede» – era necessaria: più tardi la Chiesa ricomprese Paolo. – Quel «Dio», che Paolo si era inventato, un Dio che «confonde la sapienza del mondo»[49] (nel senso più ristretto, le due grandi avversarie di ogni superstizione, la filologia e la medicina), è in verità soltanto la risoluta *decisione* dello stesso Paolo: chiamare «Dio» la propria volontà, *thora*, ciò è originariamente ebraico. Paolo *vuole* confondere «la sapienza del mondo»: i suoi nemici sono i *buoni* filologi e i medici della scuola d'Alessandria; – è a loro che fa guerra. In realtà non si può essere filologi e medici, senza essere al tempo stesso anche *anticristiani*. Come filologi, infatti, si guarda *dietro* i «libri sacri», come medici *dietro* la fisiologica degenerazione del cristiano tipico. Il medico dice «incurabile», il filologo «frode» ...

48[50]

– Si è veramente compresa la famosa storia che sta all'inizio della Bibbia – quella della maledetta paura di Dio dinanzi alla *scienza*? ... Non la si è compresa.

Questo libro sacerdotale *par excellence* comincia, come è naturale, con la grande difficoltà intima del prete: per *costui* esiste un unico grande pericolo, *di conseguenza* c'è un solo grande pericolo per «Dio». –
Il vecchio Dio, tutto «spirito», tutto gran sacerdote, tutto perfezione; ama passeggiare nei suoi giardini: c'è solo il fatto che si annoia.[51] Contro la noia gli stessi dèi lottano invano. Che cosa fa allora? Inventa l'uomo – l'uomo è divertente... Ma ecco che anche l'uomo si annoia. La compassione di Dio per l'unica pena che tutti i paradisi hanno in sé non conosce limiti: creò subito anche altri animali. *Primo* errore di Dio: l'uomo non trovò divertenti gli animali – li dominava, non voleva neppure essere «animale». – Perciò Dio creò la donna. E in realtà a questo punto ebbe fine la noia – ma ebbero fine anche altre cose! La donna fu il *secondo* errore di Dio. – «La donna è, per sua natura, serpente, Eva»[52] – ogni prete lo sa; «dalla donna viene nel mondo *ogni* male» – ogni prete sa pure questo. «*Di conseguenza* viene da essa anche la *scienza*» ... Soltanto attraverso la donna l'uomo imparò a gustare l'albero della conoscenza. – Che cos'era accaduto? Il vecchio Dio fu còlto da una paura maledetta. L'uomo stesso era divenuto il suo *più grande* errore, si era creato un rivale, la scienza rende *simili a Dio*, – è la fine per i preti e per gli dèi, se l'uomo diventa scientifico! – *Morale*: la scienza è il proibito in sé – solo essa è proibita. La scienza è il *primo* peccato, il germe di tutti i peccati, il peccato *originale. La morale è nient'altro che questo.* – «Tu *non* devi conoscere» – da ciò deriva tutto il resto. – La maledetta paura di Dio non gli impedì di essere accorto. Come ci si *difende* dalla scienza? Per lungo tempo fu questo il suo problema principale. Risposta: cacciamo l'uomo dal paradiso! La felicità, l'ozio inducono a pensare – tutti i pensieri sono

cattivi pensieri . . . L'uomo non *deve* pensare. – E il «prete in sé» inventa la tribolazione, la morte, il pericolo mortale della gravidanza, ogni specie di miseria, di vecchiaia, di affanni, soprattutto la *malattia* – puri e semplici mezzi nella lotta contro la scienza! La tribolazione non *permette* all'uomo di pensare . . . E ciononostante, che cosa tremenda! L'opera della conoscenza si innalza, dando l'assalto al cielo, rendendo imminente il crepuscolo degli dèi – che fare? – Il vecchio Dio inventa la *guerra*, divide i popoli, fa sì che gli uomini si annientino a vicenda (– i preti hanno sempre avuto bisogno della guerra . . .). La guerra – che tra l'altro turba la pace della scienza! – Incredibile! La conoscenza, l'*emancipazione dal prete*, aumenta persino a onta della guerra. – E una decisione estrema si impone al vecchio Dio: «l'uomo è divenuto scientifico – *non c'è nulla da fare, bisogna affogarlo*!» . . .

49

– Sono stato compreso. L'inizio della Bibbia racchiude l'*intera* psicologia del prete. – Il prete conosce soltanto un unico grande pericolo: questo è la scienza – la sana nozione di causa ed effetto. Ma la scienza prospera completamente soltanto in situazioni felici – si deve aver tempo, si deve avere spirito *in abbondanza* per «conoscere» . . . «*Quindi* si deve rendere infelice l'uomo» – questa è stata in ogni tempo la logica del prete. – Già si indovina *che cosa* soprattutto, conformemente a questa logica, sia in tal modo entrato nel mondo: il «*peccato*» . . . La nozione di colpa e di castigo, l'intero «ordinamento etico del mondo» è stato escogitato *contro* la scienza – *contro* il riscatto dell'uomo dal prete . . . L'uomo *non* deve guardare fuori di sé, deve guardare dentro di sé; *non* deve affisarsi *nelle* cose, con intelligenza e circospezione, come un discente; non deve, in generale, guardare affatto: deve *soffrire* . . . E deve soffrire in modo da avere in ogni momento bisogno del prete. – Via i medici! *Si ha bisogno di un salvatore.* – La nozione di colpa e di castigo, inclusa la dottrina della «grazia», della «redenzione», della «remissione» – tutte *menzogne* da cima a fondo e senza alcuna realtà psicologica – sono state escogitate per distruggere il *senso causale* dell'uomo: sono l'attentato contro la nozione di causa ed effetto! – E *non* un attentato affidato al pugno, al coltello, alla schiettezza nell'odio e nell'amore! Ma un attentato espresso dagli istinti più vili, più scaltri, più abietti! Un attentato da *preti*! Un attentato da *parassiti*! Un vampirismo di squallide sanguisughe sotterranee! . . . Se le naturali conseguenze di un'azione non sono più «naturali», ma vengono concepite come determinate dai fantasmi concettuali della superstizione, da «Dio», «spiriti», «anime», risultando meri corollari «morali», in quanto ricompense, castighi, avvertimenti, mezzi di educazione, allora resta distrutto il presupposto della conoscenza – *si è perpetrato il più grande delitto contro l'umanità.* Il peccato, diciamolo ancora una volta, questa forma *par excellence* di autodeturpazione degli uomini, è inventato per rendere impossibile scienza, cultura, ogni umana elevazione e nobiltà di sentire; il prete *domina* grazie all'invenzione del peccato. –

50

– Non mi dispenso, a questo punto, da una psicologia della «fede», del «credente», a vantaggio, come è logico, precisamente dei «credenti». Se ancor oggi non mancano taluni che ignorano fino a che punto sia *indecoroso* essere «credenti» – *o* in quale misura ciò sia un sintomo di *décadence*, di una volontà di vivere frantumata – arriveranno a saperlo non più tardi di domani. La mia voce raggiunge anche i duri d'orecchio. – Supposto che io non abbia frainteso, pare che tra i cristiani esista un criterio di verità chiamato «prova di forza». «La fede rende beati: *dunque* essa è vera». – Si potrebbe a questo punto obiettare innanzitutto che proprio l'acquisizione della beatitudine non è dimostrata, ma soltanto *promessa*: la beatitudine è connessa alla condizione della «fede» – si *deve* essere beati *perché* si crede . . . Ma *che* effettivamente avvenga quel che il prete promette al credente in ordine a un «al di là» inaccessibile a ogni controllo, in che modo si dimostra *tutto questo*? – La presunta «prova di forza» è dunque, fondamentalmente, ancora una volta soltanto una credenza nel fatto che non potrà mancare l'effetto che ci si ripromette dalla fede. In una formula: «Io credo che la fede renda beati – *perciò* essa è vera». – Ma con ciò siamo già alla fine. Questo «perciò» sarebbe l'*absurdum* stesso come criterio della verità. – Poniamo invece, non senza una certa condiscendenza, che l'acquisizione della beatitudine attraverso la fede sia dimostrata (*non* soltanto desiderata, *non* soltanto promessa dalla lingua leggermente sospetta di un prete): sarebbe mai la beatitudine – o per usare un linguaggio tecnico, il *piacere* – una dimostrazione della verità? Lo è tanto poco che si ha quasi la dimostrazione opposta, in ogni caso il massimo sospetto nei riguardi della verità, quando sensazioni di piacere intervengono nel discorso a proposito della domanda «che cosa è vero?». La dimostrazione del «diletto» è una dimostrazione *per* «diletto» – nulla più: donde mai, per tutto l'oro del mondo, potrebbe essere assodato che proprio giudizi *veri* determinino un piacere maggiore dei falsi e che in conformità a un'armonia prestabilita comportino necessariamente sentimenti gradevoli? – L'esperienza di tutti gli spiriti severi e costituzionalmente profondi insegna *il contrario*. Ogni briciola di verità abbiamo dovuto strapparcela a furia di lotta; in compenso abbiamo dovuto sacrificare quasi tutto ciò cui di solito sono attaccati il cuore, il nostro amore, la nostra fiducia nella vita. Per questo occorre grandezza d'animo: servire la verità è il più duro dei servizi. – Che significa essere *onesti* nelle cose dello spirito? Significa essere severi contro il proprio cuore, disprezzare i «bei sentimenti», farsi un caso di coscienza di ogni sì e di ogni no! – – La fede rende beati: *perciò* essa mente . . .

51

Che la fede in determinate circostanze renda beati, che non basti la beatitudine a fare di una idea fissa un'idea *vera*, che la fede non sposti le montagne, sibbene *ponga* le montagne laddove non esistono: un rapido giro attraverso un manicomio è abbastanza chiarificativo al riguardo. Indubbiamente *non* nei riguardi di un prete: costui nega per istinto che la malattia sia malattia e il manicomio manicomio. Il cristianesimo ha *necessità* della malattia, pressappoco allo stesso modo in cui per la grecità è necessaria una sovrabbondanza di salute – *rendere* malati è la vera riposta intenzione dell'intero sistema procedurale salvifico proprio della Chiesa. E la Chiesa stessa – non è essa il manicomio cattolico come ultimo ideale? – La terra in generale come manicomio? – L'uomo religioso, come la Chiesa lo *vuole*, è un tipico *décadent*; il momento in cui una crisi religiosa s'impadronisce di un popolo è caratterizzato ogni volta da epidemie nervose; il «mondo interiore» dell'uomo religioso è analogo al «mondo interiore» dei sovreccitati e degli esauriti, al punto da confondersi con esso; gli stati «supremi», che il cristianesimo ha tenuto sospesi sull'umanità come valore di tutti i valori, sono forme epilettoidi – la Chiesa ha santificato *in majorem dei honorem* soltanto pazzi *o* grandi impostori . . . Mi sono permesso una volta di definire l'intero *training* cristiano della penitenza e della redenzione (che oggi viene appreso nel modo migliore in Inghilterra) una *folie circulaire* prodotta metodicamente,[53] come è naturale, su un terreno già preparato, vale a dire fondamentalmente malaticcio. Non esiste per nessuno una libera scelta di diventare cristiano: non si viene «convertiti» al cristianesimo – si deve essere sufficientemente malati per questo . . . Noi altri, che abbiamo il *coraggio* della salute *e* anche del disprezzo, abbiamo pure il diritto, *noi*, di disprezzare una religione che ha insegnato a fraintendere il corpo, che non vuole affrancarsi dalle superstizioni dell'anima, che fa dell'insufficiente nutrizione un «merito», che combatte, nella salute, una specie di nemico, di diavolo, di tentazione, che dette a intendere a se stessa come fosse possibile portare in giro un'«anima perfetta» in un cadavere di corpo, e per questo sentì la necessità di apparecchiarsi un nuovo concetto di «perfezione», una condizione esangue, malaticcia, fanatica in maniera idiota, la cosiddetta «santità» – santità, che è poi soltanto una serie di sintomi propri di un corpo immiserito, snervato, inguaribilmente guasto! . . . Il movimento cristiano, in quanto movimento europeo, è fin da principio un moto collettivo d'ogni sorta di elementi di rifiuto e di scarto: – costoro col cristianesimo vogliono raggiungere la potenza. Esso *non* esprime il declino di una razza, è il comporsi in aggregato di forme della *décadence*, di varia provenienza, che si comprimono e si cercano. *Non* è già, come si crede, la corruzione della stessa antichità, dell'antichità *aristocratica*, ciò che rese possibile il cristianesimo: non si potrà mai contraddire con sufficiente asprezza l'addottrinato idiotismo che ancora oggi sostiene una cosa del genere. Al tempo in cui gli strati malàti e corrotti dei Ciandala si cristianizzarono in tutto l'impero, sussisteva proprio il *tipo opposto*, l'aristocrazia, nella sua figura più nobile e più matura. Divenne padrone il gran numero; la tendenza democratica degli istinti cristiani *ebbe la vittoria* ... Il cristianesimo non era «nazionale», non era condizionato alla razza – si volgeva a ogni specie di diseredati della vita, trovava ovunque i suoi alleati. Il cristianesimo ha alla sua base la *rancune* dei malati, l'istinto diretto *contro* i sani, *contro* la salute. Tutto quanto è ben fatto, fiero, tracotante, soprattutto la bellezza, offende a esso gli occhi e le orecchie. Ricordo ancora una volta l'inestimabile espressione di Paolo: «Quel che è per il mondo *debole*, quel che per il mondo è *insensato*, quel che per il mondo è *volgare* e *spregevole*, Dio lo ha eletto»:[54] *questa* era la formula, *in hoc signo* vinse la *décadence*. – *Dio in croce* – si continua ancora a non comprendere lo spaventoso mondo di pensieri nascosto in questo simbolo? – Tutto quanto soffre, tutto quanto è appeso alla croce, è divino ... Noi tutti siamo appesi alla croce, quindi *noi* siamo divini ... Noi soltanto siamo divini ... Il cristianesimo è stato una vittoria, una mentalità *più nobile* perì per causa sua, il cristianesimo è stato fino a oggi la più grande sciagura dell'umanità. –

52

Il cristianesimo si contrappone altresì a ogni ben riuscita conformazione *intellettuale* – esso *può* utilizzare soltanto la ragione malata in quanto ragione cristiana; prende posizione per tutto quanto è idiota, pronuncia la sua maledizione contro lo «spirito», contro la *superbia* dello spirito sano. Poiché la malattia è intrinseca all'essenza del cristianesimo, anche lo stato tipicamente cristiano, la «fede», *deve* essere una forma morbosa, e tutte le vie dirette, oneste, scientifiche della conoscenza *devono* essere rifiutate dalla Chiesa come vie *interdette*. Già il dubbio è un peccato . . . L'assoluta mancanza di pulizia psicologica nel prete – quale si tradisce nello sguardo – è un fenomeno *conseguente* della *décadence* – si osservi nelle donne isteriche, e per altro verso anche nei bambini di costituzione rachitica, come di regola la falsità istintiva, il piacere della menzogna per la menzogna, l'incapacità di guardare e di camminare diritto siano espressione di *décadence*. «Fede» significa non *voler* sapere quel che è vero. Il pietista, l'ecclesiastico di entrambi i sessi, è falso *perché* è malato: il suo istinto *pretende* che la verità non affermi il suo diritto su nessun punto. «Quel che rende malati, è *buono*: quel che procede dalla pienezza, dalla sovrabbondanza, dalla potenza è *malvagio*»: così sente il credente. L'*assoggettamento alla menzogna* – indovino da ciò chiunque sia predestinato a diventare teologo. Un altro segno distintivo del teologo è la sua *inettitudine alla filologia*. Qui per filologia, in un significato molto generale, si deve intendere l'arte del leggere bene – di saper cogliere i fatti *senza* falsificarli con l'interpretazione, *senza* perdere, nel desiderio di comprendere, la cautela, la pazienza, la finezza. Filologia come *ephexis* nell'interpretazione: si tratti di libri, di curiosità giornalistiche, di destini o di fatti meteorologici – per non parlare della «salvezza dell'anima» . . . Il modo con cui il teologo, non importa se a Berlino o a Roma, interpreta una «parola della Scrittura» o una esperienza vissuta, una vittoria dell'esercito nazionale, per esempio alla superiore luce dei salmi di David, è sempre talmente *temerario* da mettere un filologo al colmo dell'agitazione. E che resta da fare a costui, quando pietisti o altre mucche di Svevia rimettono in sesto, con il «dito d'Iddio», il miserabile strascicarsi quotidiano e il fumoso stambugio della loro esistenza, facendone un miracolo di «grazia», di «provvidenza», di «sante esperienze»![55] Il più modesto dispendio d'ingegno, per non dire di *decoro*, dovrebbe portare questi interpreti a persuadersi della assoluta puerilità e indegnità di un siffatto abuso della divina prestidigitazione. Se si avesse nel petto una qualche misura, anche esigua, di religiosità, un Dio che cura al momento giusto il raffreddore o che ci fa salire in carrozza nel preciso istante in cui si scatena un acquazzone dovrebbe essere per noi tanto assurdo, che occorrerebbe eliminarlo anche nel caso in cui esistesse. Un Dio come domestico, come portalettere, come venditore d'almanacchi – una sola parola, in fondo, per indicare la specie più stupida tra tutte le circostanze fortuite . . . La «divina provvidenza», alla quale ancor oggi crede circa un terzo della «Germania dotta», sarebbe un'obiezione contro Dio, più forte della quale non se ne potrebbe pensare alcun'altra. Ed è in ogni caso un'obiezione contro i Tedeschi! . . .

53

– Che i *martiri* stiano a dimostrare qualcosa in ordine alla verità di un fatto, è tanto poco vero, da farmi negare che un martire abbia in genere qualcosa in comune con la verità. Già nel tono con cui un martire getta in faccia al mondo la sua convinzione di verità, si esprime un grado così basso di onestà intellettuale, una tale *ottusità* per il problema della verità, che non si ha mai bisogno di confutare un martire. La verità non è qualcosa che uno possiede e un altro no: potrebbero pensare a questo modo della verità tutt'al più dei contadini e degli apostoli-contadini sul tipo di Lutero. Si può essere certi che, secondo il grado di coscienziosità nelle cose dello spirito, diventano sempre maggiori la modestia, la *riservatezza* su questo punto. In cinque cose *essere sapienti*, e con mano delicata rifiutare d'esserlo in *altre* . . . «Verità», come intende questa parola ogni profeta, ogni settario, ogni libero pensatore, ogni socialista, ogni uomo di Chiesa, è una completa dimostrazione del fatto che non si è ancora neppure intrapresa quella disciplina dello spirito e quel superamento di sé, che sono necessari per trovare una qualsiasi piccola, anche assai piccola verità. Le morti di martiri, sia detto di passaggio, sono state una grande calamità nella storia: esse *sedussero* . . . La conclusione di tutti gli idioti, compresi donne e popolo, che una causa, per la quale taluno affronta la morte (o che, come quella del primo cristianesimo, genera addirittura bramosia di morte in forma epidemica), abbia un valore – questa conclusione è divenuta una remora enorme all'indagine, allo spirito di indagine e di cautela. I martiri *recarono danno* alla verità . . . Ancor oggi basta un'asprezza della persecuzione per dare un nome *rispettabile* a un settarismo in sé ancora insignificante. – Come? forse che trasforma il valore di una causa il fatto che qualcuno sacrifichi per essa la propria vita? – Un errore che diventa rispettabile è un errore che esercita un'attrattiva di seduzione in più: credete proprio che daremmo a voi, signori teologi, l'occasione di fare i martiri per le vostre menzogne? – Una causa la si confuta deponendola riverentemente sul ghiaccio – in questo modo si confutano anche i teologi . . . Fu esattamente questa, nella storia del mondo, la stupidità di tutti i persecutori, di dare cioè alla causa avversaria l'apparenza dell'onorabilità – di recare in dono a essa la suggestione del martirio . . . Ancor oggi la donna si prostra in ginocchio dinanzi a un errore, perché le è stato detto che qualcuno per questo morì in croce. *È dunque la croce un argomento?* – – Ma su tutte queste cose uno solo ha detto la parola di cui da millenni si era sentita la necessità – *Zarathustra.*

Segni di sangue scrissero sulla via da essi percorsa, e la loro stoltezza insegnò che col sangue si dimostrerebbe la verità.
Ma il sangue è il testimone peggiore della verità; il sangue avvelena anche la dottrina più pura e la trasforma in delirio e in odio dei cuori.
E se uno va attraverso il fuoco a pro della sua dottrina – che mai prova ciò! Cosa maggiore è che la dottrina propria venga dal rogo di se stessi.[56]

54

Non lasciamoci indurre in errore: i grandi spiriti sono degli scettici. Zarathustra è uno scettico. La gagliardia, la *libertà* che nascono dalla forza e dall'eccesso di forza dello spirito *sono dimostrate* dalla scepsi. Gli uomini della convinzione non sono da prendere in alcuna considerazione per tutto quanto è fondamentale sul valore e disvalore. Convinzioni sono carceri. Non vedono abbastanza lontano, non vedono *sotto* di sé: ma per poter intervenire nel discorso sul valore e il disvalore, si devono vedere cinquecento convinzioni *sotto* di sé – *dietro* di sé . . . Uno spirito che vuole un qualcosa di grande, e che vuole anche i mezzi per ottenerlo, è necessariamente uno scettico. La libertà da ogni specie di convinzioni, il *saper* guardare liberamente, è *parte integrante* della forza ... La grande passione, il fondamento e la potenza del proprio essere, ancor più illuminata, ancor più dispotica di quanto non sia quello spirito stesso, prende al proprio servizio l'intero suo intelletto; elimina ogni scrupolo; dà a esso perfino il coraggio di usare mezzi empi; in certe circostanze gli *concede* convinzioni. La convinzione come *mezzo*: molte cose si raggiungono soltanto mediante una convinzione. La grande passione ha bisogno e si serve di convinzioni, non si assoggetta a esse – si sa sovrana. – Viceversa il bisogno di una fede, di un qualche cosa d'incondizionato nel sì e nel no, il Carlylismo, se mi si vuol perdonare questa espressione,[57] è un bisogno della *debolezza*. L'uomo di fede, il «credente» di ogni specie, è necessariamente un uomo dipendente – un uomo che non può disporre *se stesso* come scopo, che non può in generale disporre scopi derivandoli da se stesso. Il «credente» non *si* appartiene, egli può essere soltanto un mezzo, egli deve essere *usato*, sente la necessità di qualcuno che lo usi. Il suo istinto attribuisce il massimo onore a una morale della spersonalizzazione: tutto lo persuade a essa, la sua accortezza, la sua esperienza, la sua vanità. Ogni specie di fede è, per se stessa, un'espressione di spersonalizzazione, di autoalienazione ... Se si considera quanto sia necessario ai più un elemento regolatore che dall'esterno li vincoli e li fissi, e come la costrizione, in un senso più alto la *schiavitù*, sia l'unica e ultima condizione sotto la quale prosperi l'individuo più debole di volontà, specialmente la donna; allora si comprenderà anche la convinzione, la «fede». L'uomo in possesso di una convinzione ha in essa la sua spina dorsale. *Non* vedere molte cose, in nessun punto mancare di prevenzioni, essere continuamente una fazione, avere un'ottica rigida e necessaria in tutti i valori – questa soltanto è la condizione perché esista in generale una siffatta specie di uomini. Ma in tal modo essa è l'antitesi, l'*antagonista* del veritiero – della *verità* . . . Il credente non è libero di avere in genere una coscienza per la questione del «vero» e del «non vero»: essere onesti su *questo* punto sarebbe la sua immediata rovina. Il condizionamento patologico della sua ottica fa dell'uomo convinto un fanatico – Savonarola, Lutero, Rousseau, Robespierre, Saint-Simon –, il tipo antitetico allo spirito forte, divenuto *libero*. Ma i grandi atteggiamenti di questi spiriti *malati*, di questi epilettici dell'idea, agiscono sulla grande massa – i fanatici sono pittoreschi, l'umanità preferisce vedere gesticolamenti piuttosto che ascoltare *ragioni* . . .

55

– Ancor un passo avanti nella psicologia della convinzione, della «fede». Già da un pezzo è stato da me fatto oggetto di considerazione il fatto che le convinzioni possano essere, per la verità, avversarie più pericolose della menzogna (*Umano, troppo umano*, I, af. 483). Questa volta vorrei porre la domanda decisiva: esiste, in generale, un'antitesi tra menzogna e convinzione? – Tutta la gente lo crede; ma a che cosa non crede la gente? – Ogni convinzione ha la sua storia; le sue preformazioni, i suoi tentativi ed errori: essa *diventa* convinzione, dopo che per un pezzo *non* lo è stata, dopo che per più lungo tempo ancora è stata *a malapena* tale. Come? Sotto queste forme embrionali della convinzione non potrebbe esserci anche la menzogna? – C'è bisogno talvolta di un semplice avvicendamento di persone: nel figlio diventa convinzione quel che nel padre era ancora menzogna. – Chiamo menzogna il *non* voler vedere qualcosa che si vede, il non voler

vedere qualcosa *così* come lo si vede: non ha rilevanza il fatto che la menzogna abbia luogo alla presenza di testimoni o senza testimoni. La menzogna più consueta è quella con cui si mente a se stessi: mentire ad altri è, relativamente, l'eccezione. – Orbene, questo *non* voler vedere quel che si vede, questo non voler vedere così come si vede, è quasi la condizione prima per tutti coloro che sono una *fazione*, in qualsivoglia senso: l'uomo di parte diventa necessariamente un mentitore. La storiografia tedesca, per esempio, è persuasa che Roma era il dispotismo e che i Germani hanno portato nel mondo lo spirito della libertà: che differenza c'è tra questa convinzione e una menzogna? Se per istinto tutti i partiti, e anche gli storici tedeschi, hanno in bocca le grandi parole della morale, ci si potrà ancora meravigliare del fatto che la morale *sopravviva* quasi grazie alla circostanza che l'uomo di parte, qualunque sia la sua specie, ne ha bisogno a ogni istante? – «Questa è la *nostra* convinzione: noi la professiamo dinanzi a tutti, viviamo e moriamo per essa – ci vuole rispetto per tutti coloro che hanno delle convinzioni!» – cose del genere le ho sentite persino sulla bocca di antisemiti. Al contrario, signori! Un antisemita non diventa in alcun modo più rispettabile per il fatto che egli mente in base a princìpi...
I preti, che sono più sottili in queste cose e comprendono molto bene l'obiezione insita nel concetto di convinzione, cioè, di mendacità sistematica *perché* asservita a uno scopo, hanno ereditato dagli Ebrei l'accortezza di interpolare a questo punto l'idea di «Dio», di «divina volontà», di «divina rivelazione». Anche Kant, col suo imperativo categorico, era sulla medesima strada: la sua ragione divenne a questo punto *pratica*. – Ci sono problemi in cui *non* spetta all'uomo la decisione sulla verità e non verità; tutti i problemi

sommi, tutti i più alti problemi di valore sono al di là della ragione umana ... Comprendere i limiti della ragione – *questa* soltanto è veramente filosofia ... A che scopo Dio dette all'uomo la rivelazione? Avrebbe fatto Dio qualcosa di superfluo? L'uomo non *può* sapere da se stesso quel che è buono e cattivo, perciò Dio gli ha insegnato la sua volontà ... Morale: il prete *non* mente – nelle cose di cui parlano i preti la questione del «vero» e del «non vero» non consente affatto di mentire.[58] Per mentire, infatti, si dovrebbe poter decidere *che cosa* in esse è vero. Ma l'uomo appunto non *può* questo: il prete è in tal modo soltanto il portavoce di Dio. – Un siffatto sillogismo da preti non è per nulla semplicemente ebraico e cristiano; il diritto della menzogna e l'*accortezza* della «rivelazione» convengono al tipo sacerdotale, tanto ai sacerdoti della *décadence* quanto ai sacerdoti del paganesimo (– pagani sono tutti coloro che dicono sì alla vita, coloro per i quali «Dio» è la parola per il grande sì a tutte le cose). – La «legge», la «volontà di Dio», il «libro sacro», l'«ispirazione» – sono soltanto termini per indicare le condizioni, *sotto* le quali il prete perviene alla potenza, *con* le quali egli mantiene in piedi la sua potenza – questi concetti si trovano alla base di tutte le organizzazioni sacerdotali, di tutti gli aggregati di potere sacerdotali o filosofico-sacerdotali. La «santa menzogna» – è comune a Confucio, al codice di Manu, a Maometto, alla Chiesa cristiana – non manca in Platone. «La verità esiste»: questo significa, dovunque venga pronunciato: *il sacerdote mente* ...

56

– È importante infine lo *scopo* per il quale si mente. La mancanza, nel cristianesimo, di scopi «sacri», è la *mia* obiezione contro i suoi mezzi. Soltanto scopi *cattivi*: avvelenamento, denigrazione, negazione della vita, il disprezzo del corpo, la degradazione e l'autodiffamazione dell'uomo mediante il concetto di peccato – *di conseguenza* anche i suoi mezzi sono cattivi. – Con un sentimento opposto leggo il codice di *Manu*, un'opera incomparabilmente spirituale e superiore, e anche soltanto il *nominarla* insieme con la Bibbia sarebbe un peccato contro lo *spirito*. Lo si indovina subito: essa ha dietro di sé, *in* sé, una filosofia reale, non semplicemente un ebraismo maleodorante di rabbinismo e superstizione: essa dà qualcosa da mordere persino allo psicologo più smaliziato. *Non* deve essere dimenticata la cosa principale, la sua radicale differenza da ogni specie di Bibbia: con essa le classi *aristocratiche*, i filosofi e i guerrieri, tengono la massa nelle loro mani: valori aristocratici ovunque, un senso di compiutezza, un dire-di-sì alla vita, un trionfante benefico senso di sé e della vita – su tutto il libro sta il *sole*. – Tutte le cose, a contatto con le quali il cristianesimo scatena la sua immensa volgarità, a esempio la procreazione, la donna, il matrimonio, vengono qui trattate seriamente, con rispetto, con amore e fiducia. Insomma, come si può mettere in mani di bambini e di donne un libro che contiene queste infami parole: «A cagione del meretricio abbia ogni uomo la sua donna e ogni donna il suo uomo . . . è meglio sposarsi che soffrire la libidine»?[59] Ed *è lecito* essere cristiani, finché con l'idea dell'*immaculata conceptio* verrà cristianizzata, cioè *insozzata*, la nascita dell'uomo? . . . Non conosco alcun libro dove siano state dette sulla donna tante cose dolci e buone come nel codice di Manu: quegli antichi vegliardi e santi hanno un modo d'essere gentili verso le donne che forse è insuperato. «La bocca di una donna – si legge a un certo momento – il seno di una fanciulla, la preghiera di un bimbo, il fumo del sacrificio sono sempre puri». E un altro passo: «Non esiste nulla di più puro della luce del sole, dell'ombra di una vacca, dell'aria, dell'acqua, del fuoco e del respiro di una fanciulla». Un ultimo passo – che è forse anche una santa menzogna –: «Tutte le aperture del corpo al di sopra dell'ombelico sono pure, quelle sotto l'ombelico sono impure. Soltanto nella fanciulla l'intero corpo è puro».[60]

57

Si coglie *in flagranti* l'*empietà* dei mezzi cristiani, se si commisura il *fine cristiano* con il fine del codice di Manu – se si mette in maggior luce questa grandissima antitesi di scopi. Il critico del cristianesimo non può fare a meno di rendere *spregevole* il cristianesimo. – Un codice quale quello di Manu nasce come ogni buon codice: riassume cioè l'esperienza, il discernimento e la morale sperimentale di lunghi millenni, esso conchiude, non crea più nulla. Il presupposto di una codificazione del suo genere sta nella perfetta consapevolezza che i mezzi per creare autorità a una verità lentamente e a caro prezzo conquistata sono fondamentalmente diversi da quelli con cui la si dimostrerebbe. – Un tale codice non narra mai l'utilità, le ragioni, la casuistica nella preistoria di una legge: con ciò, appunto, essa perderebbe il tono imperativo, il «tu devi», il presupposto della sua obbedienza. Sta precisamente qui il problema. – A un certo punto dell'evoluzione di un popolo, la sua classe più perspicace, vale a dire quella che sa guardare più indietro e più oltre, dichiara conclusa l'esperienza secondo la quale si deve – cioè si *può* vivere. Il suo obiettivo è quello di ricavare dai tempi dell'esperimento e della *brutta* esperienza un raccolto possibilmente ricco e completo. Quel che quindi soprattutto ora si deve impedire è l'ulteriore prosecuzione dell'esperimento, la persistenza di uno stato fluido dei valori, la verifica, la scelta, l'esercizio critico condotti sui valori *in infinitum*. A tutto questo si contrappone una doppia muraglia: in primo luogo la *rivelazione*, cioè l'affermazione che la ragione di quella legge *non* sarebbe di origine umana, *non* sarebbe stata cercata e trovata lentamente, dopo una serie di errori, bensì che essa, in quanto di origine divina, sarebbe interamente e assolutamente senza storia, un dono, un miracolo, semplicemente partecipata . . . In secondo luogo, la *tradizione*, cioè l'affermazione che la legge sarebbe esistita da tempi antichissimi e che metterla in dubbio sarebbe irriverente, un delitto contro gli antenati. L'autorità della legge si instaura con queste tesi: Dio la *dette*, gli antenati la *vissero*. – La superiore razionalità di un tale procedimento sta nell'intenzione di rimuovere gradualmente la coscienza della vita riconosciuta come giusta (e cioè *dimostrata* attraverso un'esperienza immensa e acutamente vagliata), cosicché venga raggiunto il pieno automatismo dell'istinto – questo presupposto di ogni tipo di maestria, di ogni tipo di perfezione nell'arte del vivere. Stabilire un codice al modo di Manu, significa concedere da quel momento a un popolo la capacità di diventare maestro, di diventare perfetto – di aspirare all'arte suprema della vita. *A tale scopo esso deve essere reso incosciente*: tale è il fine di ogni santa menzogna. – L'*ordinamento delle caste*, la legge suprema, dominante non è che la sanzione di un *ordinamento della natura*, di una legalità primaria della natura, sopra la quale nessun arbitrio, nessuna «idea moderna» ha potere. In ogni sana società si differenziano, condizionandosi reciprocamente, tre tipi di diversa gravitazione dal punto di vista fisiologico, ognuno dei quali ha la sua propria igiene, la sua propria sfera di lavoro, la sua propria specie di sentimento della perfezione e di maestria. La natura, *non* Manu, separa gli esseri preminentemente spirituali da quelli prevalentemente dotati di forza muscolare e temperamento, e in terzo luogo da coloro che non emergono né per l'uno né per l'altro verso, i mediocri – questi ultimi rappresentano il gran numero; gli altri, il fiore. La casta più elevata – io la chiamo: *i pochissimi* – ha, in quanto perfetta, anche i privilegi dei pochissimi, tra cui v'è quello di rappresentare la felicità, la bellezza, la bontà sulla terra. Unicamente agli uomini più spirituali è consentito avvicinarsi alla bellezza, *al* bello: soltanto presso di loro la bontà non è debolezza. *Pulchrum est paucorum hominum*:[61] il bene è un privilegio. Nulla al contrario può essere meno permesso a essi che brutte maniere o uno sguardo pessimistico, un occhio che *imbruttisca* – o addirittura un'indignazione di fronte all'aspetto complessivo delle cose. L'indignazione è il privilegio dei Ciandala; similmente il pessimismo. «*Il mondo è perfetto*[62] – così parla l'istinto dei più spirituali, l'istinto che pronuncia il sì: l'imperfezione, il *sotto*-di-noi d'ogni genere, la distanza, il *pathos* della distanza, lo stesso Ciandala, appartengono ancora a questa perfezione». Gli uomini più spirituali, in quanto sono *i più forti*, trovano la loro felicità dove altri troverebbero la loro distruzione: nel labirinto, nella durezza contro di sé e gli altri, nell'esperimento; il loro piacere sta nel costringere se stessi: in loro l'ascetismo diventa natura, bisogno, istinto. La difficoltà di un compito è per essi un privilegio: giocare con i pesi che schiacciano gli altri è per essi una *ricreazione* . . . Conoscenza – una forma dell'ascetismo. – Essi costituiscono la più rispettabile specie di uomini: ciò non esclude che siano i più sereni, i più amabili. Essi dominano non perché vogliono, ma perché *sono*; non hanno la libertà di essere i secondi. – I *secondi*: sono i guardiani del diritto, gli amministratori dell'ordine e della sicurezza, sono i nobili guerrieri, e soprattutto il *re* in quanto compendio supremo del guerriero, del giudice e del depositario della legge. I secondi sono gli esecutori che aiutano i più spirituali, il prossimo che appartiene a essi, quel che li solleva da tutto quanto v'è di *grossolano* nel lavoro del governare – il loro seguito, la loro mano destra, i loro migliori discepoli. – In tutto questo, ripetiamolo ancora una volta, non v'è nulla di arbitrario, nulla di «fabbricato»; quel che è *diverso*, è fabbricato – in tal caso si è recato danno alla natura . . . L'ordinamento delle caste, la *gerarchia*, formula soltanto la legge suprema della vita stessa; la separazione dei tre tipi è necessaria alla conservazione della società, affinché siano resi possibili tipi superiori e sommi – la *disuguaglianza* dei diritti è la condizione prima perché ci siano in generale dei diritti. – Un diritto è un privilegio. Ognuno ha, nel suo modo di essere, anche il suo privilegio. Non sottovalutiamo i privilegi dei *mediocri*. Quanto più la vita cresce in *altezza*, tanto più si fa dura – aumenta il gelo, aumenta la responsabilità. Una cultura elevata è una piramide: essa può poggiare soltanto su un vasto terreno, essa presuppone in primo luogo una mediocrità robustamente e sanamente consolidata. Il mestiere, il commercio, l'agricoltura, la *scienza*, la maggior parte dell'arte, in una parola l'intero complesso dell'attività professionale si accorda perfettamente soltanto con una mediocrità nel potere e nel desiderare; tale attività sarebbe fuori posto tra eccezioni, l'istinto che le compete contraddirebbe tanto l'aristocraticismo quanto l'anarchismo. Per essere una pubblica utilità, una ruota, una funzione, occorre una determinazione naturale: *non* è la società, ma quella sola specie di *felicità* di cui la maggior parte degli uomini è capace, a fare di essi macchine intelligenti. Per i mediocri essere mediocri è una felicità; la maestria in una sola cosa, la specializzazione, è un istinto naturale. Sarebbe del tutto indegno di uno spirito profondo, vedere nella mediocrità in sé già un'obiezione. Essa è anzi la necessità *prima* perché possano esistere eccezioni: una civiltà elevata trova in essa la sua condizione. Se l'uomo d'eccezione tratta proprio i mediocri con dita più delicate di quelle con cui tratta se stesso e i suoi pari, non è, questa, pura cortesia del cuore – è semplicemente il suo *dovere* . . . Chi odio io maggiormente tra la plebaglia di oggi? La plebaglia socialista, gli apostoli dei Ciandala, i quali sovvertono lentamente l'istinto, il piacere, quel senso, nel lavoratore, di moderato appagamento del suo piccolo essere – i quali lo rendono invidioso, gli insegnano la vendetta . . . Il torto non sta mai in diritti ineguali, sta nel pretendere «*uguali*» diritti . . . Che cos'è *cattivo*? Ma l'ho già detto: tutto quanto scaturisce da fiacchezza, da invidia, da *vendetta*. – L'anarchico e il cristiano hanno un'identica origine . . .

58

In realtà fa differenza, a quale scopo si mente: a seconda che si miri a conservare o a *distruggere*. Si può stabilire una perfetta equazione tra il *cristiano* e l'*anarchico*: il loro scopo, il loro istinto sono rivolti unicamente alla distruzione. Non c'è che da desumere dalla storia la prova di questa tesi; la storia la racchiude con una spaventosa evidenza. Proprio ora abbiamo imparato a conoscere una legislazione religiosa il cui scopo era quello di «perpetuare» la condizione suprema affinché la vita *prosperasse*, una grande organizzazione della società; il cristianesimo ha trovato la sua missione nel porre fine appunto a una tale organizzazione *poiché in essa prosperava la vita*. In quella, i frutti razionali di lunghe epoche d'esperimento e d'incertezza dovevano essere impiegati per una remotissima utilità, e doveva essere ricavato il raccolto più grande, più abbondante, più completo possibile: in questo, viceversa, il raccolto venne *avvelenato* durante la notte . . . Ciò che esisteva *aere perennius*,[63] l'*imperium romanum*, la più grandiosa forma d'organizzazione – in mezzo a difficili condizioni – che sia mai stata raggiunta fino a oggi, a confronto con la quale tutto quanto la precedette, tutto quanto le venne dopo è frammento, abborracciatura, dilettantismo – quei santi anarchici si sono fatti un «pio dovere» di distruggerla, di distruggere «il mondo», *cioè* l'*imperium romanum*, finché non ne restò pietra su pietra – finché gli stessi Germani e altra gente rozza non poterono divenirne padroni . . . Il cristiano e l'anarchico: entrambi *décadents*, entrambi incapaci di alcun'altra azione che non sia dissolvere, avvelenare, guastare, *succhiare il sangue*, entrambi espressioni istintive dell'*odio mortale* contro tutto ciò che esiste, che è grande, che ha durata, che promette avvenire alla vita . . . Il cristianesimo fu il vampiro dell'*imperium romanum* – nello spazio di una notte ha ridotto in nulla l'enorme impresa, perseguìta dai Romani, di conquistare il terreno per una grande civiltà, *che ha del tempo* dinanzi a sé. – Si continua ancora a non comprendere ciò? L'*imperium romanum* che noi conosciamo, che la storia della provincia romana ci insegna a conoscere sempre meglio, questa del tutto ammirabile opera d'arte in grande stile, era un principio, la sua costruzione era calcolata per *dare prova* di sé con millenni – fino a oggi non si è mai costruito in questo modo, non si è mai neppure soltanto sognato di costruire in uguale misura *sub specie aeterni*! – Questa organizzazione era abbastanza salda per sopportare cattivi imperatori: le contingenze delle persone non hanno niente a che fare in queste cose – *primo* principio, questo, di ogni grande architettura. Ma essa non fu abbastanza salda per la *più corrotta* specie di corruzione, per il *cristiano*... Questo segreto verminaio che nella notte, nella nebbia e nella ambiguità, si è avvicinato furtivamente a tutti gli individui e ha dissanguato ognuno di loro del fervore per le cose *vere*, dell'istinto in generale per quelle che sono *realtà*, questa masnada codarda, effeminata e dolciastra ha poco alla volta estraniato le «anime» da questa immensa costruzione – quelle nature preziose, virilmente aristocratiche, che nella causa di Roma avvertivano la loro stessa causa, il loro stesso fervore, la loro stessa *fierezza*. Questa sornioneria da baciapile, questa clandestinità da conventicola, idee cupe, come l'inferno, come il sacrificio dell'innocente, come l'*unio mystica* nel bere sangue; e soprattutto il fuoco, lentamente attizzato, della vendetta, della vendetta dei Ciandala – tutto *questo* s'impadronì di Roma, la stessa sorta di religione cui già Epicuro aveva fatto guerra nelle sue forme preesistenti. Si legga Lucrezio per comprendere *che cosa* ha combattuto Epicuro: *non* il paganesimo, bensì «il cristianesimo», voglio dire la corruzione dell'anima attraverso l'idea del peccato, quella del castigo e dell'immortalità. – Egli combatté i culti *sotterranei*, l'intero cristianesimo latente, – negare l'immortalità fu già allora una *redenzione* reale. – Ed Epicuro avrebbe vinto, ogni spirito rispettabile nell'impero romano era epicureo: *ed ecco che comparve Paolo*... Paolo, l'odio dei Ciandala contro Roma, contro «il mondo», divenuto carne, divenuto genio: l'ebreo, l'*eterno* ebreo *par excellence* . . . Quel che lui divinò fu come si potesse accendere, con l'aiuto del piccolo, settario movimento cristiano, in disparte dall'ebraismo, una «conflagrazione cosmica», come si potesse assommare, col simbolo di «Dio in croce», tutto quanto stava in basso, tutto quanto era segretamente in rivolta, l'intera eredità delle macchinazioni anarchiche nell'impero, per farne una enorme potenza. «La salvezza viene dagli Ebrei».[64] – Il cristianesimo come formula per superare – *e* per totalizzare – i culti sotterranei di ogni specie, quelli di Osiride, della grande Madre, di Mitra, per esempio: nell'essersi reso conto di tutto questo sta il genio di Paolo. Il suo istinto fu in ciò talmente sicuro che, violentando spietatamente la verità, egli mise in bocca – e non soltanto in bocca – a un «salvatore» di sua invenzione le idee con cui quelle religioni da Ciandala affascinavano – arrivando a *fare* di lui qualche cosa che anche un sacerdote di Mitra poteva comprendere . . . Fu questo il suo attimo di Damasco: egli si rese conto che aveva *bisogno* della fede nella immortalità, per svalorizzare «il mondo», che l'idea dell'«inferno» si sarebbe impadronita anche di Roma – che con l'«al di là» si *uccide la vita* . . . Nichilista e cristiano: sono cose che collimano e non semplicemente collimano . . .[65]

59

Inutile tutto il lavoro del mondo antico: non trovo parole per esprimere il mio sentimento su una cosa così mostruosa. – E considerato il fatto che il suo era un lavoro preparatorio, che era stato posto appunto con granitica autocoscienza soltanto il fondamento per un lavoro di millenni, tutto il *senso* del mondo antico fu inutile! . . . A che scopo i Greci? A che scopo i Romani? Già esistevano tutti i presupposti di una civiltà dotta, tutti i *metodi* scientifici; si era già fatta chiaramente conoscere la grande, incomparabile arte di leggere bene – questa premessa per la tradizione della cultura, per l'unità della scienza; la scienza naturale, alleata con la matematica e la meccanica, si trovava sulla via migliore tra tutte – il *senso dei fatti*, l'ultimo e più prezioso di tutti i sensi, aveva le sue scuole, la sua tradizione già vecchia di secoli! Si comprende questo? Era stato trovato tutto l'*essenziale* per poter mettersi al lavoro – i metodi, occorre dirlo dieci volte, *sono* l'essenziale, nonché la cosa più difficile, e anche ciò che ha più lungamente contro di sé le consuetudini e le infingardaggini. Quel che noi oggi, con una indicibile coercizione di noi stessi, – giacché abbiamo ancora tutti in qualche modo nella carne i cattivi istinti, quelli cristiani – ci siamo riconquistati, il libero sguardo di fronte alla realtà, la cautela della mano, la pazienza e il rigore nelle più piccole cose, l'intera *onestà* della conoscenza – esisteva già! già più di due millenni or sono! Si aggiunga *poi* la finezza di discernimento e di gusto! *Non* come addestramento di cervelli! *Non* come educazione «tedesca», con maniere da zotici! Bensì come complessione fisica, come gesto, come istinto – in una parola come realtà ... *Tutto inutile!* Nello spazio di una notte, nient'altro che un ricordo! – Greci! Romani! La nobiltà dell'istinto, il gusto, l'indagine metodica, il genio dell'organizzazione e dell'amministrazione, la fede, la *volontà* dell'avvenire umano, il grande sì a tutte le cose divenuto visibile come *imperium romanum*, visibile a tutti i sensi, il grande stile divenuto non più semplicemente arte, ma realtà, verità, *vita* ... – E non già incenerito, tutto questo, da un evento naturale nello spazio di una notte! Non calpestato da Germani e da altri tardigradi! Bensì fatto oggetto di scempio da scaltri, occulti, invisibili, esangui vampiri! Non vinto – soltanto dissanguato! . . . La nascosta sete di vendetta, la piccola invidia diventa *padrona*! Ecco di colpo *in alto* tutto quanto è miserabile, sofferente di se stesso, funestato da cattivi sentimenti, l'intero *mondo-da-ghetto* dell'anima! – – Basterà leggere in qualsiasi mestatore cristiano, sant'Agostino[66] a esempio, per comprendere, per *fiutare* quale specie di sudicia consorteria sia arrivata in alto a quel modo. Ci si ingannerebbe completamente se si supponesse un qualsiasi difetto d'intelligenza nelle guide del movimento cristiano – oh, se essi sono accorti, accorti fino alla santità, questi signori padri della Chiesa! Quel che manca a essi è tutt'altro. La natura li ha trascurati – dimenticò di dare loro una modesta dote di istinti rispettabili, decorosi, *puliti* . . . Detto tra noi, non sono neppure maschi . . . Se l'Islam ha in dispregio il cristianesimo, ha in ciò mille volte ragione: l'Islam ha per presupposto dei maschi . . .

60[67]

Il cristianesimo ci ha defraudato del raccolto della civiltà antica; e più tardi ci ha defraudato di quello della civiltà islamica. Il meraviglioso mondo della civiltà moresca di Spagna, *a noi* in fondo più affine, più eloquente ai nostri sensi e al nostro gusto di quanto non lo siano Roma e la Grecia, fu *calpestato* – non dico da che specie di piedi – perché? Perché doveva la sua origine a istinti aristocratici, virili, perché diceva sì alla vita anche con le rare e raffinate preziosità della vita moresca! . . . In seguito i crociati combatterono qualcosa, di fronte a cui sarebbe stato più conveniente per essi prostrarsi nella polvere, – una civiltà rispetto alla quale persino il nostro secolo diciannovesimo potrebbe sembrare molto povero, molto «tardo». – Indubbiamente essi volevano saccheggiare: l'Oriente era ricco ... Si sia dunque imparziali! Le crociate – una superiore pirateria e null'altro! – La nobiltà tedesca, in fondo una nobiltà di Vikinghi, si trovò così nel suo elemento: la Chiesa sapeva fin troppo bene in che modo si *possiede* una nobiltà tedesca ... I nobili tedeschi, sempre gli «Svizzeri» della Chiesa, sempre al servizio di tutti i cattivi istinti della Chiesa – ma *ben pagati* ... Giacché proprio con l'aiuto delle spade tedesche, del sangue e del coraggio tedesco, la Chiesa ha portato a fondo la sua guerra d'inimicizia mortale contro ogni cosa nobile sulla terra! C'è a questo punto una congerie di dolorosi problemi. La nobiltà tedesca è quasi *assente* nella storia della civiltà superiore: se ne indovina il motivo... Cristianesimo, alcol – i due *grandi* mezzi della corruzione ... In sé non poteva appunto esserci scelta tra Islam e cristianesimo, come tra un arabo e un ebreo. La decisione è data: nessuno è libero di fare ancora, a questo punto, la sua scelta. O si *è* un Ciandala, o *non* lo si è ... «Guerra senza quartiere a Roma! Pace, amicizia con l'Islam»: non fu così che sentì e *operò* quel grande spirito libero, il genio tra gli imperatori tedeschi, Federico secondo? Come? Un tedesco deve essere innanzitutto genio, spirito libero, per avere *decorosi* sentimenti? – Io non riesco a comprendere come un tedesco abbia mai potuto avere sentimenti *cristiani* ...

61

A questo punto è necessario accennare a un ricordo ancora cento volte più penoso per i Tedeschi. I Tedeschi hanno defraudato l'Europa dell'ultima grande mèsse di civiltà che fosse dato all'Europa di raccogliere

– cioè del *Rinascimento*. Si comprende infine, si *vuole* comprendere *che cosa* è stato il Rinascimento? *La trasvalutazione dei valori cristiani*, il tentativo intrapreso con tutti i mezzi, con tutti gli istinti, con ogni genialità, di portare alla vittoria gli *anti*-valori, i valori *aristocratici* . . . Non c'è stata fino a oggi che *questa* grande guerra, non c'è stata, fino a oggi, nessun'altra posizione dei problemi più decisiva di quella del Rinascimento – il *mio* problema è lo stesso suo problema –: non c'è neppure mai stata una forma più fondamentale e più diretta di *attacco*, un'asprezza maggiore di quella con cui venne sferrato su tutto il fronte e in direzione del centro ! Attaccare nel punto decisivo, nella sede stessa del cristianesimo, portare qui sul trono i valori *aristocratici*, voglio dire portarli *dentro* gli istinti, nei più profondi bisogni e desideri di coloro che vi seggono . . . Scorgo dinanzi a me una *possibilità*, di un fascino e di un incanto di colori assolutamente ultraterreni – si direbbe che essa scintilli con tutti i tremori di una raffinata bellezza e che sia all'opera in essa un'arte così divina, così diabolicamente divina, che invano si cercherebbe nei millenni una seconda possibilità del genere; vedo uno spettacolo così ricco di significato, così meravigliosamente paradossale al tempo stesso, che tutte le divinità dell'Olimpo avrebbero avuto motivo per una risata immortale – *Cesare Borgia papa* . . . Mi si intende? . . . Orbene, sarebbe stata *questa* la vittoria alla quale solo *io* oggi anelo –: in tal modo il cristianesimo sarebbe stato *liquidato* ! [68] – Che accadde invece? Un monaco tedesco, Lutero, venne a Roma. Questo monaco, con dentro il petto tutti gli istinti di vendetta d'un prete malriuscito, a Roma si indignò *contro* il Rinascimento . . . Invece di comprendere con estrema gratitudine la cosa immensa che era accaduta, il superamento del cristianesimo nella sua *sede*, – il suo odio seppe trarre da questo spettacolo soltanto il proprio nutrimento. Un uomo religioso pensa esclusivamente a sé. – Lutero vide la corruzione del papato, mentre si poteva toccar con mano esattamente il contrario: sul seggio papale *non* stava più l'antica corruzione, il *peccatum originale*, il cristianesimo! Sibbene la vita! Sibbene il trionfo della vita! Sibbene il grande sì a ogni cosa elevata, bella, temeraria! ... E Lutero *restaurò nuovamente la Chiesa*: la attaccò ... Il Rinascimento – un avvenimento senza senso, una grande *inutilità*! – Ah, questi Tedeschi, quanto già ci sono costati! Inutilità – è sempre stata questa l'*opera* dei Tedeschi. – La Riforma; Leibniz; Kant; e la cosiddetta filosofia tedesca; le guerre di liberazione; l'impero – sempre una inutilità in cambio di qualcosa che già esisteva, di qualcosa *che non si può far ritornare* ... Sono i *miei* nemici, lo confesso, questi Tedeschi: io disprezzo in loro ogni sorta di sordidezza nelle idee e nei valori, ogni specie di *viltà* di fronte a qualsiasi onesto sì e no. Da quasi un millennio essi hanno arruffato e ingarbugliato tutto ciò che hanno toccato con le loro dita, hanno sulla coscienza tutte le cose fatte a metà – ridotte in tre ottavi! – di cui l'Europa è malata – hanno sulla coscienza anche la più sporca specie di cristianesimo che esista, la più inguaribile, la più inconfutabile, il protestantesimo ... Se non la faremo finita col cristianesimo, sarà colpa dei *Tedeschi* ...

62

– Sono giunto così alla conclusione ed esprimo il mio giudizio. Io *condanno* il cristianesimo, levo contro la Chiesa cristiana la più tremenda di tutte le accuse che siano mai state sulla lingua di un accusatore. Essa è per me la massima di tutte le corruzioni immaginabili: essa ha avuto la volontà dell'estrema corruzione possibile. La Chiesa cristiana non lasciò nulla d'intatto nel suo pervertimento, essa ha fatto di ogni valore un disvalore, di ogni verità una menzogna, di ogni onestà un'abiezione dell'anima. Si osi ancora parlarmi dei suoi benefìci «umanitari»! L'*eliminazione* di una qualsiasi penosa condizione andava contro il suo più profondo vantaggio: essa viveva di condizioni penose, essa *creava* condizioni penose per eternizzare *se stessa* ... Il verme del peccato, per esempio: soltanto la Chiesa ha arricchito l'umanità di questa penosa condizione! – L'«uguaglianza delle anime dinanzi a Dio», questa falsità, questo *pretesto* per le *rancunes* di tutte le anime ignobili, la materia esplosiva di questo concetto che finì per diventare rivoluzione, idea moderna e principio di decadenza dell'intero ordine sociale – è dinamite *cristiana* ... «Benefìci umanitari» del cristianesimo! Coltivare l'*humanitas* così da trarne fuori una contraddizione di sé, un'arte della masturbazione, una volontà di mentire a ogni costo, una ripugnanza, un disprezzo di tutti gli istinti buoni e onesti! Queste per me sarebbero le benedizioni del cristianesimo! –Il parassitismo come *unica* prassi della Chiesa; col suo ideale clorotico della «santità» va bevendo fino all'ultima goccia ogni sangue, ogni amore, ogni speranza di vita; l'al di là come volontà di negazione d'ogni realtà; la croce come segno di riconoscimento per la più sotterranea congiura che sia mai esistita – contro salute, bellezza, costituzione ben riuscita, valentia, spirito, *bontà* dell'anima, *contro la vita stessa* ...

Questa eterna accusa al cristianesimo voglio scriverla su tutti i muri, ovunque esistano muri – posseggo caratteri per far vedere anche i ciechi ... Definisco il cristianesimo l'unica grande maledizione, l'unica grande e più intima depravazione, l'unico grande istinto della vendetta, per il quale nessun mezzo è abbastanza velenoso, furtivo, sotterraneo, *meschino* – lo definisco l'unica immortale macchia d'infamia dell'umanità. Computiamo il *tempo* da quel *dies nefastus* con cui ebbe inizio questa fatalità – dal *primo* giorno del cristianesimo! – *E perché non invece dal suo ultimo giorno? – Da oggi?*[69] – Trasvalutazione di tutti i valori!...[70]

LEGGE CONTRO IL CRISTIANESIMO[71]

Data nel giorno della salvezza, nel primo giorno dell'anno uno
(– il 30 settembre 1888 della falsa cronologia)

Guerra mortale contro il vizio: il vizio è il cristianesimo

Prima proposizione. – Viziosa è ogni specie di contronatura. La varietà di uomo più viziosa è il prete: lui *insegna* la contronatura. Contro il prete non si hanno ragioni, si ha il carcere.

Seconda proposizione. – Ogni partecipazione a un servizio divino è un attentato al buon costume. Si deve essere più duri contro i protestanti che contro i cattolici, più duri contro i protestanti liberali che contro i protestanti di stretta osservanza. L'elemento criminale nell'essere cristiani aumenta nella misura in cui ci si avvicina alla scienza. Il criminale dei criminali è perciò il *filosofo*.

Terza proposizione. – Il luogo maledetto dove il cristianesimo ha covato le sue uova di basilisco sia raso al suolo e atterrisca tutta la posterità, in quanto luogo *nefando* della terra. Vi si allevino serpenti velenosi.

Quarta proposizione. – La predica della castità è un pubblico incitamento alla contronatura. Ogni disprezzo della vita sessuale, ogni insozzamento della medesima mediante il concetto di «impuro» è il vero e proprio peccato contro lo spirito santo della vita.

Quinta proposizione. – Chi mangia allo stesso tavolo con un prete sia messo al bando: con ciò costui si scomunica dalla retta società. Il prete è il *nostro* Ciandala – sia proscritto, affamato, cacciato in ogni specie di deserto.

Sesta proposizione. – La storia «sacra» sia chiamata con il nome che merita: storia *maledetta*; le parole «Dio», «salvatore», «redentore», «santo» siano usate come insulti, come marchi d'infamia.

Settima proposizione. – Il resto segue da ciò.

L'Anticristo

CRONOLOGIA

LA VITA DI NIETZSCHE DALL'ESTATE ALL'AUTUNNO 1888

6 giugno - 20 settembre, Sils-Maria

Peggioramento dello stato di salute di Nietzsche a Sils, anche a causa del cattivo tempo. «Da quando ho lasciato Torino, sono in condizioni miserabili. Eterni mal di testa, vomito eterno: una recrudescenza delle mie sofferenze passate; che cela un profondo esaurimento nervoso, a causa del quale tutta la macchina non funziona. Faccio fatica a difendermi dai pensieri più tristi. O piuttosto: io penso con molta chiarezza, ma non favorevolmente, sulla mia intera situazione. Mi manca non solo la salute, bensì il presupposto per diventare sano. – La forza vitale non è più intatta ... L'estrema irritabilità sotto le impressioni meteorologiche *non* è un buon segno: essa caratterizza un certo esaurimento totale, che è in realtà la mia vera malattia. Tutto, come il mal di testa ecc., non è altro che uno stato conseguente e relativamente sintomatico. – Nei tempi *peggiori* di Basilea, e dopo Basilea, le cose non stavano affatto diversamente: solo che allora ero estremamente *ignorante* e permisi ai medici di cercare a tentoni malattie locali, e questa fu una disgrazia in più. Io non soffro affatto *né* di mal di testa, *né* di mal di stomaco: ma sotto la pressione di un esaurimento nervoso (che in parte è *ereditario*, – mio padre è morto, egli pure, solo in *conseguenza* della deficienza globale di forza vitale, – in parte è acquisito) le conseguenze si manifestano in tutte le forme» (a Overbeck, 4 luglio).

Lavoro alla stampa del *Caso Wagner*, dalla metà di luglio alla fine d'agosto. Dopo un ultimo piano dedicato alla «Volontà di potenza. Saggio di una trasvalutazione di tutti i valori» (datato 29 agosto), decisione di pubblicare un "estratto" della sua filosofia (che sarà poi il *Crepuscolo degli idoli*) e un'opera in quattro libri dal titolo «Trasvalutazione di tutti i valori»: il primo libro, *L'anticristo*, è ricavato, quasi per metà, dal complesso da cui Nietzsche trasse anche il *Crepuscolo degli idoli*.

Letture: *Vita di Wagner* di Ludwig Nohl, ancora una volta:

Rome, Naples et Florence di Stendhal: «il suo libro *più ricco*» (a Gast, 20 giugno).

Alcune settimane con Meta von Salis. Incontri col pianista Carl von Holten e il teologo Julius Kaftan. A Overbeck: «... questo giovane imperatore [Guglielmo II. *N.d.E.*] si presenta un po' alla volta sotto una luce più favorevole di quanto non fosse lecito sperare, – recentemente ha fatto energiche dichiarazioni *anti*-antisemitiche...» (metà settembre). La morte del padre di Guglielmo II (15 giugno), Federico III, l'«imperatore dei 99 giorni», noto per le sue tendenze antibismarckiane e liberali, aveva rattristato e preoccupato Nietzsche: «alla fine egli era un piccolo spiraglio di *libero* pensiero, l'ultima speranza per la Germania. Adesso comincia il regime Stöcker [il predicatore di Corte, conservatore e antisemita. *N.d.E.*]: – io ne traggo le conseguenze e so già che ormai la mia "Volontà di potenza" sarà in primo luogo confiscata in Germania» (a Köselitz, 20 giugno).

Paul Deussen, da Berlino, gli fa giungere un dono di 2000 marchi da parte di un ammiratore, che vuol mantenere l'incognito; Nietzsche accetta questo dono come un aiuto per le spese di stampa delle sue opere (che egli – come è noto –, dalla quarta parte di *Così parlò Zarathustra* in poi, doveva sostenere coi suoi risparmi). L'ammiratore sconosciuto non era né Deussen, né Paul Rée (come Nietzsche aveva supposto), bensì un giovane studioso (di origine ebraica): Richard Moritz Meyer (1860-1914),* che poi fu professore di letteratura tedesca all'Università di Berlino e mantenne stretti rapporti con l'Archivio Nietzsche; egli pubblicò pure, nel 1913, una monografia su Nietzsche. Anche Meta von Salis donò a Nietzsche, nello stesso periodo, 1000 franchi per la stampa dei suoi libri.

Il cattivo tempo trattiene Nietzsche a Sils-Maria fino al 20 settembre.

* Questo particolare era ignoto fino ad oggi: la nostra piccola scoperta si basa su di una lettera di Hans von Müller (collaboratore, alla fine del secolo, dell'Archivio Nietzsche) a J. Hofmiller, del 19 aprile 1933.

21-30 settembre, Torino

Dopo un viaggio avventuroso da Sils-Maria (di cui si troverà un'eco in *Ecce homo*, § 3 del capitolo sul *Crepuscolo degli idoli*), Nietzsche è di nuovo a Torino: «*Meravigliosa* limpidezza, colori autunnali, e su tutto quanto una deliziosa sensazione di benessere. In due cose essenziali, ovvero *alloggio* e *trattoria*, la mia *seconda* apparizione ha trovato la migliore accoglienza. Per quanto concerne il primo, ordine, pulizia, premura sono aumentati del 50 per cento; nella trattoria la bontà, in qualità e quantità, del 100 per 100, e in entrambi i casi *senza* che i modicissimi prezzi siano cambiati. Inoltre qui ho il mio primo sarto, che lavora come piace a me. – A due passi dal mio alloggio si trova la piazza principale, con l'antico castello medioevale: su un lato c'è un piccolo, grazioso teatro,* davanti al quale la sera (dalle 8¼) ci si siede all'aperto, si mangia il gelato, e in questo periodo si può ascoltare una deliziosa rappresentazione dell'operetta francese *Mascotte* di Audran (– che conosco bene dai tempi di Nizza). Il tempo lascia a desiderare. Ma qui sopporto meglio il cattivo tempo, e non ho ancora perso un solo giorno di lavoro» (a Köselitz, 27 settembre).

Lettera di Carl von Gersdorff sul *Caso Wagner*. Nietzsche: «Una curiosità che mi racconta Gersdorff e che *mi conforta molto*: G<ersdorff> è stato testimone di un furioso scoppio di collera di Wagner contro *Bizet*, quando Minnie Hauck si trovava a Napoli e cantò la *Carmen*. Con questo dato di fondo, e cioè che W<agner> anche qui ha preso partito, la mia cattiveria in un passo cruciale farà un'impressione molto più acre. Per il resto Gersdorff mi *mette in guardia* molto seriamente dalle wagneriane.* – Il nuovo titolo *Crepuscolo degli idoli* sarà inteso anche in questo senso – dunque *ancora una cattiveria* contro Wagner... (a Köselitz, 27 settembre).

Lavoro comune con Köselitz alla stampa di *Crepuscolo degli idoli*.

Il 30 settembre, Nietzsche termina *L'anticristo*.

NOTE

SIGLE USATE NELLE NOTE

GA	Grossoktav-Ausgabe, l'edizione degli scritti di Nietzsche curata dall'Archivio Nietzsche (Leipzig, 1894 sgg.)
BN	Libri della biblioteca di Nietzsche
GD	*Crepuscolo degli idoli*
GM	*Genealogia della morale*
MA	*Umano, troppo umano,* I
Za	*Così parlò Zarathustra*

Il manoscritto di Nietzsche per la stampa dell'*Anticristo* si conserva a Weimar sotto la segnatura D 22. Per quanto riguarda il titolo dell'opera, il lettore già conosce le vicende che portarono Nietzsche a considerare *L'anticristo* come *tutta* la «Trasvalutazione di tutti i valori», sicché il primo frontespizio, che si trova nel manoscritto: «L'anticristo. / Saggio di una critica del cristianesimo. / Primo libro / della Trasvalutazione di tutti i valori», deve essere scartato, a favore dell'altro, posteriore, «L'anticristo. / Maledizione del cristianesimo»; in questo frontespizio le parole «Maledizione del cristianesimo» sono state sostituite – a giudicare dalla scrittura, verso la fine di dicembre 1888 – a «Trasvalutazione di tutti i valori», che – come abbiamo visto dalla lettera di Nietzsche a Deussen del 26 novembre 1888 – era diventato il sottotitolo dell'*Anticristo*.

L'anticristo fu pubblicato per la prima volta nel 1895, nell'ottavo volume dell'edizione delle opere di Nietzsche curata da Fritz Koegel: il titolo era scorretto, quattro passi erano stati censurati. Nel 1899, sempre nell'ottavo volume delle opere complete (GA), il curatore dell'edizione Arthur Seidl dava ancora un titolo scorretto, i passi censurati diventavano, da quattro, tre; questo testo (GA) rimase canonico per tutte le edizioni seguenti pubblicate dall'ex Archivio Nietzsche, ad eccezione della cosiddetta «edizione tascabile» (*Taschenausgabe*), nel cui decimo volume (1906), pur permanendo l'inesattezza del titolo, veniva eliminata la più innocua delle censure: nel paragrafo 38 la parola «giovane» veniva restaurata accanto a «sovrano»; essa indicava, senza possibilità di equivoci, la persona di Guglielmo II e perciò era stata soppressa. Nel 1931 J. Hofmiller rendeva note le altre due omissioni.

Karl Schlechta ha pubblicato nel 1956 *L'anticristo* col titolo giusto e restaurando i tre passi censurati (sia pure «involontariamente», cfr. Erich F. Podach, *Friedrich Nietzsches Werke des*

Zusammenbruchs, Heidelberg, 1961, p. 76). Tuttavia, nel 1961, Erich F. Podach ha affermato che al finale dell'*Anticristo* appartenevano altri due testi: la «Legge contro il cristianesimo» e una citazione dal terzo *Zarathustra* sotto il titolo «Il martello parla». Per questo problema si vedano le note alla «Legge contro il cristianesimo», che anche nella nostra edizione viene riprodotta.

L'edizione tedesca dell'*Anticristo* ha proposto altri problemi che riguardano soprattutto l'ortografia e la punteggiatura: Gast è intervenuto direttamente nel manoscritto di Nietzsche, operando numerose correzioni e «miglioramenti». Poiché, tuttavia, per l'interpretazione non sempre era possibile stabilire con certezza quali fossero gli interventi di Gast nel manoscritto di Nietzsche, abbiamo dovuto collazionare anche la copia che Overbeck fece per sé – nel febbraio-marzo 1889 – di questa opera di Nietzsche, che egli per un certo periodo – *prima* di Gast – ebbe in custodia. Questa copia si trova a Basilea, nella Biblioteca dell'Università.

1. Nietzsche ha scritto la sua prefazione all'*Anticristo* sulla base del vecchio paragrafo 3 della primitiva prefazione a GD (quella che poi divenne il capitolo «Quel che i Tedeschi non hanno»).

2. I paragrafi 1-7 si trovavano, nel manoscritto da cui Nietzsche ricavò subito dopo il *Crepuscolo degli idoli* e *L'anticristo*, sotto il titolo di «Noi Iperborei». Nell'ultimo piano (26 agosto 1888) della «Volontà di potenza», «Noi Iperborei» doveva formare la prefazione.

3. Cfr. Pindaro, *Pitiche*, x, 29-30.

4. Cfr. GD, «Sentenze e frecce», 44.

5. Cfr. Aristotele, *Poetica*, 1449b 27-28; 1453b 1 sgg.

6. Negli appunti di questo periodo si trovano numerosi estratti da *Ma religion* di Tolstoj (si vedano sotto le note 18, 20, 34).

7. Vi studiarono Hegel, Schelling, Hölderlin.

8. Questo termine va inteso, in tutti gli scritti di Nietzsche di questo periodo, come all'incirca Dostoevskij intendeva il principe Myškin, protagonista dell'*Idiota*.

9. Cfr. I. Kant, *Der Streit der Fakultäten*, in *Kants Werke.*, Akademie Textausgabe, Berlin, 1968, vol. VII, pp. 85 sgg.

10. I paragrafi 16-19 furono ricavati da Nietzsche da un testo che egli aveva già trascritto in bella copia nella primavera del 1888 a Torino, sotto il titolo «Per la storia del concetto di Dio». Questo testo constava di 5 paragrafi. I paragrafi 1-4 corrispondevano ai paragrafi 16-19 dell'*Anticristo*; il paragrafo 5 *non* fu utilizzato da Nietzsche: i curatori della «Volontà di potenza» ne trassero un loro «aforisma» (il 1038), staccandolo dal suo contesto. L'origine dei pensieri di Nietzsche sulla storia del concetto di Dio è connessa alla conoscenza dei *Demoni* di Dostoevskij, che Nietzsche lesse a Nizza in traduzione francese. Di questa sua lettura nessuno sapeva nulla fuori dell'ex Archivio Nietzsche; la sorella di Nietzsche e Peter Gast credettero bene di non parlarne, così come tacquero altre importanti letture di Nietzsche in tema di cristianesimo (Wellhausen, Tolstoj: un solo accenno si trova alla fine della prima edizione della *Volontà di potenza*, uscita nel 1900, ma ritirata dalla vendita poco dopo, per essere sostituita dalla nuova edizione, quella del 1906). Anche qui si faceva valere il timore meschino di nuocere alla «originalità» del pensiero di Nietzsche, se si parlava dei suoi studi, delle sue letture. Bisogna dire che la maggior parte degli avversari dell'Archivio Nietzsche erano affetti dalla stessa volgarità intellettuale: quella cioè di credere che la conoscenza da parte di Nietzsche di determinati autori potesse essere adoperata come prova della sua mancanza di originalità. La mentalità era la stessa, solo le conseguenze erano opposte. Gli estratti dai *Demoni* occupano più di una decina di pagine (formato *in folio*) dei quaderni. I passi, trascritti da Nietzsche, che qui interessano, sono i seguenti: «*Dio come attributo della nazionalità.* – Il popolo è il figlio di Dio. Una nazione merita questo nome solo finché ha un dio proprio e respinge tenacemente tutti gli altri; solo finché essa conta di vincere col proprio dio e di cacciare dal mondo gli dèi altrui. I popoli si muovono con l'energia di un bisogno insaziabile di giungere alla meta: è la affermazione costante e instancabile della loro esistenza e la negazione della morte. "Lo spirito dell'amore", la "teoria delle

razze viventi'', il principio morale ed estetico, *la recherche de Dieu*. In ogni popolo, in ogni fase della sua esistenza, *la recherche de Dieu* è la meta del suo movimento, la ricerca di un dio per sé, a cui possa credere come al solo vero. Dio è la persona sintetica di un popolo intero, considerato dal suo inizio fino alla sua fine. Quando i culti cominciano a generalizzarsi, si avvicina la distruzione delle nazionalità. Quando gli dèi perdono il loro carattere individuale, essi muoiono e con essi muoiono i popoli. Quanto più una nazione è vigorosa, tanto più vigorosamente il suo dio si distingue. Non si è mai trovato un popolo senza religione (cioè *senza il concetto di bene e male*). Ogni popolo intende queste parole a suo modo. Quando queste idee vengono intese allo stesso modo presso più popoli, essi muoiono e la differenza tra bene e male comincia ad estinguersi e a scomparire. La ragione non è mai stata in grado di definire questi concetti, e neppure di *discernerli* approssimativamente: così li si è mescolati in modo vergognoso: *la science a conclu en faveur de la force brutale* ... Si un grand peuple ne croit pas qu'en lui seul se trouve la vérité, s'il ne se croit pas seul appelé à ressusciter et à sauver l'univers par sa vérité, il cesse immédiatement d'être un grand peuple pour devenir une matière ethnographique ... Un popolo veramente grande non si è mai contentato di un ruolo secondario, persino un ruolo influente non gli basta; ha assolutamente bisogno del primo ruolo. La nazione che rinuncia a questa convinzione, rinuncia all'esistenza...». L'«originalità» di Nietzsche – ammesso che abbia senso preoccuparsene – non è certo messa in discussione dall'incontro con Dostoevskij, nelle cui idee sul rapporto di un popolo col suo dio egli poté anche trovare una conferma di ciò che aveva detto per esempio in Za I, «Del nuovo idolo». Naturalmente, salta agli occhi anche la differenza sostanziale tra Dostoevskij, per il quale una specie di mistica «recherche de Dieu» è la meta stessa della vita di un popolo, e Nietzsche, che vede nel dio «nazionale» la *proiezione* del senso della potenza e nella sua moralizzazione la manifestazione dell'impotenza di un popolo.

11. Cfr. H. Oldenberg, *Buddha*, Berlin, 1897, p. 337.

12. Cfr. *Luca*, 10, 42.

13. Cfr. in MA, 142, la citazione da Novalis.

14. Cfr. *1 Cor*, 13, *13*.

15. Cfr. *Giovanni*, 4, *22*.

16. Cfr. la prima dissertazione.

17. Questo paragrafo e il seguente, come tutto quanto si riferisce alla storia di Israele nell'*Anticristo*, hanno come fonte una delle più importanti opere sull'argomento: i *Prolegomena zur Geschichte Israels* di Julius Wellhausen (1844-1918), che ancor oggi viene ristampata (l'ultima ristampa anastatica è del 1981) e che Nietzsche lesse e studiò attentamente nell'autunno-inverno 1887-1888. Il suo esemplare (Berlin, 1883) si trova nella sua biblioteca, ed è pieno di glosse marginali e sottolineature. Ampi estratti da questa opera si trovano nei taccuini.

18. Di qui fino al paragrafo 47, Nietzsche dà la sua interpretazione del cristianesimo primitivo, come movimento – in un primo momento «non violento» – di ribellione contro la «Chiesa» ebraica, e la sua «psicologia del redentore», del fondatore del cristianesimo. Lo sfondo storico, come abbiamo visto, è la storia di Israele nella fondamentale interpretazione di Wellhausen; sul terreno di tale storia, nasce per Nietzsche il cristianesimo, che tuttavia in quanto «ribellione» è già un fraintendimento della «buona novella», dell'evangelo del suo fondatore. Nei frammenti postumi di questo periodo, si può vedere in tutta la sua vastità e complessità lo sforzo compiuto da Nietzsche per giungere alla sua interpretazione, e come egli abbia saputo utilizzare magistralmente – contro le superficialità erudite di Renan, che egli del resto ha studiato insieme a Wellhausen – alcuni suggerimenti che gli venivano, non da storici del cristianesimo, ma dai due massimi esponenti della letteratura russa: Lev Tolstoj e Fëdor Dostoevskij. Quest'ultimo gli fornì la formula psicologica dell'«idiotismo» di Cristo, il primo la valutazione dell'essenza del primo cristianesimo come movimento anarchico. Della lettura di Dostoevskij abbiamo già detto. La lettura di Tolstoj è testimoniata, di nuovo, da ampi estratti in un quaderno con appunti che vanno dal novembre 1887 al marzo 1888. Nietzsche ne lesse *La mia religione* in france-

se a Nizza (*Ma religion*, Paris, 1888), sebbene questa opera fosse già uscita in tedesco nel 1885 (prima ancora che in russo). Una pubblicazione tempestiva di quei frammenti avrebbe evitato decennali, inutili discussioni tra gli studiosi di Nietzsche a proposito della questione se Nietzsche avesse letto l'opera di Tolstoj (J. Hofmiller, E. Hirsch, E. Benz, da ultimo anche l'americano W. Kaufmann). Ma l'ex Archivio Nietzsche aveva altro da fare. L'interpretazione che Nietzsche dette del cristianesimo e del suo fondatore suscitò l'ammirazione di un «competente» come l'amico Overbeck, il quale – all'indomani della sua trascrizione dell'*Anticristo* – scriveva a Peter Gast: «Può immaginarsi che il cristianesimo viene trattato come Marsia da Apollo. Non però il fondatore. – Tutti i tentativi fino a oggi di farne una figura umana appaiono ridicolmente astratti e come mere illustrazioni della dogmatica razionalista, accanto a ciò che Nietzsche ha fatto, al modo con cui, in questa opera, dall'originalità del personaggio balza fuori anche la sua natura di uomo, rispetto a ciò che viene dopo. E qui, certo, non posso se non trovare parecchie cose smisuratamente violente e sovranamente ingiuste. In particolare la concezione del cristianesimo di Nietzsche mi sembra, per così dire, troppo politica e l'equazione cristiano = anarchico, fondata su di una valutazione storica molto discutibile di ciò che il cristianesimo, nella "realtà", è stato nell'impero romano. Il "movimento pacifista buddhistico", che secondo Nietzsche fu avviato originariamente da Gesù, rimase tale nel cristianesimo in una misura maggiore di quanto Nietzsche supponga. Nonostante tutto, questo *Anticristo* resta un monumento unico e chiarisce sostanzialmente le opinioni che Nietzsche finora aveva espresso sporadicamente sull'argomento» (13 marzo 1889).

19. David Friedrich Strauss (1808-1874), la cui *Vita di Gesù* fu letta da Nietzsche a Bonn nel 1864.

20. Così anche Tolstoj; cfr. *Matteo*, 5, *39*.

21. Queste tre parole furono censurate dall'ex Archivio Nietzsche; esse furono rese note per la prima volta da J. Hofmiller, *Nietzsche*, «Süddeutsche Monatshefte», 1931, vol. 29, p. 83. Il tipo di censura è rivelatore del livello intellettuale della sorella di Nietzsche e dei suoi collaboratori.

22. Cfr. *Luca*, 17, *20*.

23. Qui l'allusione a Dostoevskij è evidente; egli del resto viene citato subito dopo. In un frammento intitolato «Gesù Dostoevskij», Nietzsche dice esplicitamente: «Io conosco un solo psicologo che abbia vissuto nel mondo in cui il cristianesimo è possibile, in cui un Cristo poteva nascere alla vita. Dostoevskij. Egli ha *indovinato* Cristo: – e per istinto egli è soprattutto immune dal pericolo di rappresentarsi questo tipo con la volgarità di Renan ... E a Parigi si crede che Renan soffra di troppe *finesses* [allusione ai Goncourt]! ... ma si può commettere un errore peggiore di quello di fare di Cristo, che era un idiota, un genio? di mentire su Cristo, che rappresenta l'opposto di un sentimento eroico, trasformandolo in un eroe?». Tutta la caratterizzazione di Cristo data da Nietzsche si contrappone a quella di Renan, anche materialmente: le pagine nelle quali si trovano gli appunti da *La vie de Jésus* di Renan, sono altresì quelle che contengono il maggior numero di annotazioni sulla psicologia di Gesù.

24. Citazione da E. Renan, *Vie de Jésus*, Paris, 1863, p. 354, che Nietzsche ha trascritto, assieme a molte altre, nei suoi appunti.

25 Cfr. *Matteo*, 10, *34*.

26. Cfr. J. Wellhausen, *Reste des arabischen Heidentums*, Berlin, 1887, p. 106, BN: Nietzsche aveva studiato anche questa opera di Wellhausen, come risulta dalle sue glosse marginali e dalle citazioni raccolte nei taccuini.

27. Cfr. per esempio *Giovanni*, 14, *6*.

28. In tedesco («reine Thorheit») è chiara l'allusione al «reiner thor», il «puro folle» Parsifal.

29. Cfr. soprattutto il «sermone della montagna»: *Matteo*, 5-7.

30. È la denominazione di Cristo più frequente nei vangeli. Per la sua interpretazione della parola «figlio» Nietzsche utilizza ciò che anche Renan (*op. cit.*, p. 243) dice, e che egli ha trascritto in un suo quaderno come segue: «Che egli fosse Dio, eguale a Dio – questa era presentata come una calunnia de-

gli Ebrei (per es. *Giovanni*, 5, *18*; 10, *33*). Egli è meno del Padre: il Padre non gli ha rivelato tutto. Egli non vuole essere chiamato buono. Egli è figlio di Dio: tutti sono degni di esserlo (– così è *ebraico*: anche in passato nell'Antico Testamento si diceva di certi personaggi che fossero figli di Dio, senza per questo pretendere che fossero eguali a Dio). "Figlio" è nelle lingue semitiche un concetto estremamente vago, aperto».

31. Il dogma cattolico dell'immacolata concezione fu proclamato l'8 dicembre 1854: esso non riguarda la nascita o la concezione di Gesù (che, secondo il vangelo e secondo la credenza da sempre indiscussa di *tutti* i cristiani, fu concepito da una vergine mediante lo Spirito Santo), bensì Maria, la madre di Gesù; secondo questo dogma, Maria fu fino dalla sua concezione immune dalla «macchia» del «peccato originale», che invece è ereditata da tutti gli uomini (e il peccato originale, a sua volta, non ha nulla a che fare con l'atto sessuale).

32. Cfr. *Apocalisse*, 20, *4*.

33. Anche questo passo fu reso noto per la prima volta da J. Hofmiller (*op. cit.*, pp. 94 sg.). Le ragioni della soppressione sono, come osserva Hofmiller, di carattere diverso da quelle che indussero alla soppressione della parola «idiota». Qui Nietzsche infatti commette un errore: a dire «Questi in verità, ecc.», non fu il «buon ladrone» (*Luca*, 23, *42*), bensì il centurione romano, *dopo* la morte di Cristo (cfr. *Matteo*, 27, *54*). Questa censura è, di nuovo, tipica della mentalità dell'ex Archivio Nietzsche: come se un errore di memoria potesse «nuocere» al buon nome di Nietzsche e a un'opera come *L'anticristo*! Per la stessa ragione, allora, la sorella di Nietzsche e i suoi collaboratori avrebbero dovuto censurare il passo sull'«immacolata concezione», da noi commentato sopra, dove Nietzsche dimostra di non essere al corrente delle sottili distinzioni della teologia cattolica. Ma qui l'ignoranza supplì alla mancanza di rispetto per i testi di Nietzsche.

34. Nel suo quaderno Nietzsche si era annotato da *Ma religion*, di Tolstoj: «Se non si capisce che la Chiesa è non solo la caricatura del cristianesimo, bensì la *guerra organizzata contro il cri-*

stianesimo...». Questo motivo viene sviluppato da Nietzsche con gran forza nei paragrafi 37 e 38 (e certo non «tolstoianamente»).

35. Trasparente allusione a Bismarck.

36. La parola «giovane» fu censurata dagli editori dell'ex Archivio Nietzsche in *tutte* le edizioni tranne quella del 1906, nel vol. X della cosiddetta *Taschen-Ausgabe*. La censura era, in questo caso, abbastanza comprensibile, perché il «giovane principe», cioè Guglielmo II, salito sul trono all'età di 29 anni dopo il breve regno di Federico III, nel giugno 1888, era anche l'allora sovrano regnante.

37. Cfr. GD, «Scorribande di un inattuale», 19, e la nota in proposito.

38. Cfr. *1 Cor*, 15, *14*.

39. Questa parola coniata da Nietzsche e derivante dall'altra, da lui pure coniata, «disangelo», si contrappone, come è evidente, a «evangelo», «evangelista»; nel manoscritto di Nietzsche si trova tuttavia «disevangelista», che anche noi – come GA – consideriamo *lapsus calami*, confortati in questo da un'annotazione nei quaderni, che ha al punto corrispondente: «disangelista».

40. Cfr. *Luca*, 10, *42*.

41. Cfr. *Matteo*, 7, *1*.

42. Cfr. 2 *Cor*, 1, *12*.

43. Per alcune fonti delle citazioni di questo paragrafo, Nietzsche – non avendole sul momento sotto mano – aveva lasciato lo spazio libero tra due parentesi, ripromettendosi di inserirle in seguito: esse sono state integrate. Una raccolta di citazioni dalla prima lettera di Paolo ai Corinzi è numerata 276, secondo il piano-rubrica del 1888, e porta il titolo: «Modello di predica del *ressentiment*. Saggi di santa sfrontatezza». Gli editori dell'ex Archivio Nietzsche non si sono contentati di inserire le fonti delle citazioni dove esse mancavano; essi hanno anche corretto le citazioni stesse, adeguandole al testo della Bibbia: qui esse vengono date così come *Nietzsche* le ha scritte.

44. Modificazione ironica di «ben hai ruggito leone!», in Shakespeare, *Sogno di una notte di mezza estate*.

45. GA corregge, conforme alla Bibbia, «Ma se voi».

46. GA corregge, conforme alla Bibbia, «i vostri peccati».

47. Dio «come sarto» compare non «subito dopo», bensì «poco prima» (*Matteo*, 6, *29*) e così GA corregge il testo di Nietzsche.

48. In italiano nel testo. Cfr. *Giovanni*, 18, *38*.

49. Cfr. *1 Cor*, 1, *27*.

50. Per questo paragrafo cfr. J. Wellhausen, *Prolegomena*, cit., pp. 310-336, BN. Nell'esemplare di Nietzsche numerosissime le sottolineature e i segni di approvazione.

51. Cfr. Wellhausen: «Jahve, qui, non scende dal cielo, ma se ne va a passeggio la sera nel giardino, come se fosse a casa sua», p. 321: Nietzsche ha sottolineato nel suo esemplare la parola *lustwandelt* («se ne va a passeggio»), che anche lui adopera.

52. Cfr. Wellhausen, *ibid.*, p. 324.

53. Cfr. GM, terza dissertazione; in un quaderno Nietzsche si è annotato da una sua lettura di quella primavera 1888 – Ch. Féré, *Dégénérescence et criminalité*, Paris, 1888, BN –, questo passo (p. 123) sotto la rubrica «religione come *décadence*»: «La *monomania religiosa* si manifesta abitualmente nella forma della *folie circulaire*, con due stati contraddittori, quello della depressione e quello della tonicità».

54. Cfr. *1 Cor*, 1, *27*.

55. Come Jung-Stilling, del quale Nietzsche conosceva molto bene l'autobiografia.

56. Cfr. Za II, «Dei preti», p. 110.

57. Cfr. GD, «Scorribande di un inattuale», 12.

58. Qui Gast (e tutti i curatori dell'ex Archivio Nietzsche – ma anche Schlechta – lo hanno seguìto) ha manipolato il testo di Nietzsche per renderlo «più chiaro».

59. Cfr. *1 Cor*, 7, *2-9*.

60. Cfr. L. Jacolliot, *Les législateurs réligieux, Manou - Moïse - Mahomet*, Paris, 1876, pp. 225-26, BN.

61. Cfr. Orazio, *Satire*, I, 9, 44.

62. Cfr. Za IV, «Meriggio» e la nota 298.

63. Cfr. Orazio, *Odi*, III, 30, 1.

64. Cfr. *Giovanni*, 4, 22.

65. Nei quaderni leggiamo – subito dopo gli estratti dell'opera di Tolstoj – questa annotazione: «Paolo, soddisfacendo istintivamente i bisogni dei non Ebrei, tradusse quei grandi simboli del primitivo movimento cristiano in qualcosa di non simbolico, che si poteva toccare con mano: da un lato trasformò il contrasto tra vita nella *verità* e vita nella *falsità* nel contrasto tra questa vita terrena e quella vita celeste dell'aldilà, verso cui la morte è il ponte (– egli lo trasferì nel movimento del tempo, come "ora" e "in passato"). A questo scopo attinse a piene mani dal paganesimo e ne prese l'*immortalità personale*, dunque qualcosa che era, nella stessa misura, antiebraico e anticristiano. Ma, in tutto il mondo dove erano culti segreti, si credeva a questa sopravvivenza, e ciò nella prospettiva della ricompensa e della punizione. Questo oscuramento del paganesimo, mediante le ombre del saldo dei debiti nell'aldilà, era per esempio ciò che Epicuro combatteva ... Il colpo magistrale di Paolo fu di gonfiare la credenza che Cristo era stato visto dopo morto (cioè il fatto di una allucinazione collettiva), facendone una logica teologica, come se l'immortalità e la resurrezione fossero le *cose principali* e, per così dire, la pietra angolare del sistema di salvezza di Gesù (– per far questo bisognò capovolgere completamente la *dottrina* e la *prassi* dell'antica comunità). Questa è l'*ironia* di tutta la storia, una ironia tragica: Paolo ha rimesso in piedi, in grande stile, ciò che Cristo con la sua vita aveva annientato. Infine, quando la Chiesa fu fatta, essa assunse sotto la sua sanzione persino l'*esistenza dello Stato*...».

66. In proposito, il 31 marzo 1885 da Nizza, Nietzsche scriveva a Overbeck: «Ho letto per distrarmi le *Confessioni* di sant'Agostino, deplorando di non averti vicino. Ah, questo vecchio rètore! Come è falso, come storce gli occhi! Le risate che ho fatto! (per esempio sul "furto" da lui commesso in gioventù, in fon-

do una storia da studenti). Che falsità psicologica! (per esempio quando racconta la morte del suo amico migliore, col quale era *un'anima sola* e dice: "mi risolsi a continuare a vivere, perché a questo modo il mio amico *non* morisse *del tutto*". Queste sono ipocrisie *nauseanti*). Valore filosofico eguale zero. *Platonismo plebeizzato*, cioè: un modo di pensare, inventato per la più alta aristocrazia delle anime, accomodato a nature di schiavi. Del resto, con questo libro, si vede dentro le viscere del cristianesimo: e io assisto a tutto ciò con la curiosità di un medico e psicologo radicale».

67. Sull'Islam, di cui si parla in questo paragrafo, Nietzsche aveva tra l'altro letto importanti lavori di Julius Wellhausen, che fu anche eminente arabista.

68. Sulla possibilità che Cesare Borgia fosse elevato al trono papale, Nietzsche aveva da tempo letto in Jacob Burckhardt, *Die Cultur der Renaissance in Italien*, Leipzig, 1869, pp. 91-95, BN: «In realtà non possono esservi dubbi che Cesare, dopo la morte di Alessandro, eletto papa o no, intendeva mantenere lo Stato della Chiesa ad ogni costo e che ciò, dopo tutto quello che aveva commesso, alla lunga non gli sarebbe riuscito in qualità di papa. Egli, se mai qualcuno, avrebbe secolarizzato lo Stato della Chiesa, e sarebbe stato costretto a farlo per continuare a regnarvi. Se non ci inganniamo, questo è il motivo essenziale della segreta simpatia con cui Machiavelli tratta il grande delinquente ... E che avrebbe fatto Cesare, se, nel momento in cui il padre morì, anche egli non fosse giaciuto sul letto di morte? Che conclave sarebbe stato, se egli – padrone di tutti i suoi mezzi – con un collegio di cardinali ridotto opportunamente per mezzo del veleno, e per di più mentre nessun esercito francese si trovava nelle vicinanze, si fosse fatto eleggere papa? La fantasia si smarrisce in un abisso, al seguire queste ipotesi».

69. Cioè, come è detto nella «Legge contro il cristianesimo», il 30 settembre 1888, il giorno in cui Nietzsche finì di scrivere *L'anticristo*.

70. Queste ultime quattro righe furono censurate nella prima edizione (Koegel, 1895) dell'*Anticristo*.

71. Scritta da Nietzsche subito dopo aver terminato *L'anticristo*, doveva concluderlo insieme alla citazione del paragrafo 29 dal capitolo «Di antiche tavole e nuove» del terzo *Zarathustra*. Nel corso del mese di ottobre, e precisamente prima del 24 ottobre, data in cui Naumann spedì a Torino l'ultimo sedicesimo del *Crepuscolo degli idoli*, Nietzsche aggiunse a questa opera: 1) il capitolo «Quel che devo agli antichi», 2) il citato paragrafo dallo *Zarathustra*. Il capitolo «Quel che devo agli antichi» proveniva da quel testo che poi sarebbe diventato *Ecce homo* (la cui stesura era cominciata alla metà di ottobre); il paragrafo dallo *Zarathustra* Nietzsche lo tolse dal manoscritto dell'*Anticristo*.

Questa è – secondo noi – la soluzione di un complicato problema di edizione che ha occupato la critica, da quando Podach, nel 1961, pubblicò la sua edizione delle «opere della catastrofe» torinese. Su tutto ciò si veda quanto da noi spiegato diffusamente alle pp. 534-41 del vol. VI, tomo III dell'edizione delle *Opere* di Nietzsche pubblicata nella collana Classici, Adelphi, 1970.

PICCOLA BIBLIOTECA ADELPHI

ULTIMI VOLUMI PUBBLICATI:

530. Roberto Calasso, *La follia che viene dalle Ninfe* (5ª ediz.)
531. Friedrich Nietzsche, *Frammenti postumi, III*
532. Cesare Garboli, *Il «Dom Juan» di Molière*
533. Willa Cather, *La nipote di Flaubert*
534. Isaiah Berlin, *La libertà e i suoi traditori*
535. Friedrich Nietzsche, *Frammenti postumi, IV*
536. Alberto Arbasino, *Dall'Ellade a Bisanzio* (3ª ediz.)
537. Haniel Long, *La meravigliosa avventura di Cabeza de Vaca*
538. Benedetto Croce, *Un paradiso abitato da diavoli* (3ª ediz.)
539. Paul Valéry, *Cattivi pensieri* (2ª ediz.)
540. Giorgio Manganelli, *L'isola pianeta e altri settentrioni*
541. Eudocia Augusta, *Storia di san Cipriano*
542. Arthur Schopenhauer, *L'arte di invecchiare* (3ª ediz.)
543. Pseudo Meister Eckhart, *Diventare Dio*
544. Rosa Matteucci, *Cuore di mamma* (5ª ediz.)
545. Ennio Flaiano, *Una e una notte*
546. Willa Cather, *Il mio mortale nemico*
547. Inoue Yasushi, *Amore* (3ª ediz.)
548. Tommaso Landolfi, *In società*
549. Giorgio Colli, *Platone politico*
550. Giorgio Manganelli, *Mammifero italiano*
551. Goffredo Parise, *Guerre politiche*
552. Manlio Sgalambro, *La conoscenza del peggio*
553. Mordecai Richler, *Un mondo di cospiratori*
554. Sholem Aleykhem, *Storie di uomini e animali*
555. Shirley Jackson, *La lotteria*
556. Arthur Schopenhauer, *Il mio Oriente*
557. Lodovico Terzi, *L'autonecrologia di Jonathan Swift*
558. René Guénon, *Il Demiurgo e altri saggi* (2ª ediz.)
559. Alberto Savinio, *La nascita di Venere*
560. Yoko Ogawa, *L'anulare* (2ª ediz.)
561. Stefan Zweig, *Bruciante segreto* (3ª ediz.)
562. Irène Némirovsky, *Come le mosche d'autunno* (5ª ediz.)
563. Robert Walser, *Storie che danno da pensare* (2ª ediz.)
564. Nicolás Gómez Dávila, *Tra poche parole*
565. Alberto Arbasino, *L'Ingegnere in blu* (7ª ediz.)
566. Paul Valéry, *L'idea fissa*
567. Goffredo Parise, *L'eleganza è frigida* (2ª ediz.)
568. Ernst Jünger, *Visita a Godenholm*

569. Friedrich Nietzsche, *Lettere da Torino* (2ª ediz.)
570. S.Y. Agnon, *Nel fiore degli anni*
571. Ferdinando Tartaglia, *La religione del cuore*
572. Alexander Lernet-Holenia, *Il venti di luglio*
573. Matteo Codignola, *Un tentativo di balena*
574. Jamaica Kincaid, *Lucy*
575. Charles Simic, *Club Midnight e altre poesie*
576. Irène Némirovsky, *Il calore del sangue* (3ª ediz.)
577. Giorgio Manganelli, *Vita di Samuel Johnson*
578. Jorge Luis Borges, *La moneta di ferro*
579. Gustav Fechner, *Nanna o L'anima delle piante*
580. Dante Isella, *Un anno degno di essere vissuto*
581. Wilhelm Waiblinger, *Friedrich Hölderlin. Vita, poesia e follia*
582. Yoko Ogawa, *Una perfetta stanza di ospedale*
583. Goffredo Parise, *Lontano*
584. Giorgio Colli, *Filosofi sovrumani* (2ª ediz.)
585. Friedrich Nietzsche, *Frammenti postumi, V*
586. Guido Ceronetti, *Insetti senza frontiere* (2ª ediz.)
587. D.H. Lawrence, *Classici americani*
588. Manlio Sgalambro, *Del delitto*
589. Leonardo Sciascia, *Fatti diversi di storia letteraria e civile*
590. Thomas Bernhard, *I miei premi*
591. Irène Némirovsky, *L'affare Kurilov*
592. Stefan Zweig, *Lettera di una sconosciuta* (3ª ediz.)
593. Martin Heidegger, *Identità e differenza*
594. Madame de Duras, *Ourika* (2ª ediz.)
595. Benedetto Croce, *Una famiglia di patrioti*
596. James Hillman, *Il suicidio e l'anima*
597. William S. Burroughs-Allen Ginsberg, *Le lettere dello yage*
598. Jorge Luis Borges, *Fervore di Buenos Aires*
599. Joseph Roth, *Fragole*

Stampato nel giugno 2010
dal Consorzio Artigiano «L.V.G.» - Azzate

Piccola Biblioteca Adelphi
Periodico mensile: N. 55/1977
Registr. Trib. di Milano N. 180 per l'anno 1973
Direttore responsabile: Roberto Calasso